それ、やってはいけない！

ハラスメント大全

㈱日本産業カウンセリングセンター理事長
野原蓉子 監修

青春出版社

「課長！　それ、パワハラです!!」

会社で部下に何気なく声をかけただけなのに、そんな反応をされたことはありませんか？

「テレビや新聞でパワハラやセクハラのニュースを見ていて、自分だけはそんな言動はしていないと思っていたのに……」

「たったひと言がパワハラやセクハラって、これ、犯罪？　訴えられたら裁判とか損害賠償とかになるの!?」

悪気はなくても、ちょっとした言動が、ハラスメントになる例はたくさんあります。

ハラスメントでどんなことが起こっているのか、まずは事例を４つ見ていきましょう。

（※実際にあったことを、参考になるようにアレンジしています）

【事例1】仕事は好きだけど、職場が最悪

文具メーカーの商品開発部で働くA子さん（33歳）は、学生時代の夢だった商品開発の仕事に就けて、忙しくても毎日充実した日々を過ごしていました。

「仕事は好きなんだけど、とにかく職場がね。ここはブラック企業かってほど残業があるし、パワハラ、セクハラなんて当たり前なんですよ」

希望していた部署だけに、最初は何もわからず無我夢中で仕事に打ち込み、最近では自分で企画した商品が少しずつデパートなどにも並ぶようになったそうです。ところが、仕事に余裕も出てきてふと見回してみると、どう考えてもおかしなことばかり。

「残業していると、もう遅いから今夜は一緒にホテルに泊まろう、なんて課長が平気で言ってきたり、断ると怒った様子で新商品の企画を翌日までに出せ！　なんて無理を言うんですよ」

他にも、同じ部署の女性は、早々と社内結婚して、**「あなたはまだ結婚しないの？　そんなんじゃずっと結婚できないわよ」**などと上から目線。

ずっと夢だった商品企画の仕事なので、仕事は続けたいけど、このままではストレスがたまって病気になりそうだと本気で心配しています。職場の雰囲気が変われば理想的なのに、と肩を落としています。

【事例２】派閥争いに巻き込まれてクビ

「半沢直樹じゃないけど、派閥に入って酷い目にあった」

そう語るのは、中小IT企業に勤める元銀行員B氏（46歳）。大学卒業後、大手地銀に入行して配属された支店の部長が、同じ大学出身ということで引き立ててくれ、部長の出世とともに本店に戻って営業を担当。次は**自分が部長に昇格すると噂されていたものの、派閥争いに敗れた部長が地方に飛ばされ、気がついたら自分には仕事も与えられず、ある日突然の解雇**。

「このまま黙っているわけにはいかないと、弁護士を立てて訴訟を起こしました。結局、解雇は無効となったものの、損害賠償は認められませんでした」

派閥争いに巻き込まれたとはいえ、その後、**仕事を与えられなかったのは明らかにパワハラだと認定されました。しかし、損害賠償までは認められず、結審**。

「銀行には戻れたものの、やはり居づらくて、結局、依願退職しました。以前の営業先のIT企業に拾ってもらい、経理担当として中途採用されました」

これだけハラスメントが騒がれるようになっても、当事者にとってはまだ納得のいく社会には程遠いようです。

【事例3】楽しい職場のはずが、上司が変わって……

広告代理店に勤める若手女性社員Cさん（28歳）は、ハラスメントで賠償がおりた事例です。

彼女が勤めるのは、雑誌広告を中心に、テレビCMなども制作する総合広告代理店です。入社したばかりのころは、上司の指示で忙しく動き回り、ときには残業することもありましたが、仕事を覚えるのが楽しく、嫌とは思わなかったそうです。

ところが入社3年目にメディア部署に異動し、テレビ局を担当することに。部署も上司も替わったことで、これまでとは勝手が違って空回りし、上司にいつも叱責されるようになったそうです。

新しい上司は仕事を教えてくれるわけでもなく、見て覚えろとばかりに次々と仕事を押し付け、失敗したときには声を荒らげることも。それが原因で彼女はストレス性の胃潰瘍を発症し、1カ月の休業を余儀なくされたそうです。

「このことを以前の上司に相談したところ、パワハラだから訴えたほうがいいとアドバイスをもらいました。弁護士を立てて訴訟を起こした結果、パワハラが認定されて損害賠償請求も認められました。退院後は、元の部署に配属され、再び楽しく仕事をしています」

【事例４】親の介護に仕事、上司のパワハラの三重苦

流通系商社に勤めるＤ氏（40歳）が、パワハラを意識し始めたのは１年ほど前から。子どもの進学と、母親の認知症が重なり、介護に時間がとられるようになったため、有給休暇を取得。それが何度か繰り返されると、上司がだんだんいい顔をしなくなり、有給休暇を申請するたびにしつこく理由を尋ねるようになったそうです。

「『認知症の母の介護だと書いて提出しているけどさ、身体は健康なんだよね？　少しぐらい看てなくてもいいだろう』なんて言って、なかなか有給休暇を認めてもらえなかったんです」

妻と交代で、月に２、３度はどうしても有給休暇をとる必要があるというのに、そのたびに**「会社のほうが大事だろ。そんなことじゃ解雇だぞ」**などとまで言い出すことも。

たしかにもう少しで課長に昇進できるかどうかという時期だけに、会社でも責任のある立場にいました。しかし、一人暮らしの母親を放っておくこともできず、この件で何度も上司と衝突してきました。

「これってパワハラじゃないですか？　有給休暇は理由がなくても取得できる権利のはずですよね」。上司はパワハラだとはまったく認識しておらず、最近では出社拒否症になりそうだと頭を抱えています。

いかがだったでしょうか？
おかれる立場は違っても、他人事と切り捨てにくいのではないでしょうか？

例えば、「いい人いないの？　誰か紹介しようか」「えっ！　もう30歳って、おばさんじゃない」などと日常でのよくある会話。気になる部下に彼氏や彼女がいないか尋ねたり、誕生日だと知って歳を聞いたり……。友人や親しい人同士ならごく普通の会話でしょう。ところが、会社の上司にこんなふうに言われたらどうでしょう。
まったく気にならないという人もいます。しかし、それがストレスで、何度も続くようなら、それはハラスメントになる可能性があります。
パワハラやセクハラという言葉は、テレビや新聞で見かけない日がないというほど、日常的に取り上げられています。そんなニュースや記事を見て他人事だと思ったりしていませんか？

ハラスメントというのは、会社ばかりでなく日常生活のさまざまな場面で行われる嫌がらせの言動のことです。パワハラが問題視されているから、会社では部下と話すときも気を使っているという人でも、家に帰ってキッチンに汚れた食器が出ているのを見て、「何だ、お前！　まだ食器も洗ってないのか。誰のおかげで毎日メシが食えると思ってるんだ！」などと言ったら、これはハラスメント（カジハラ、モラハラ）とみなされる可能性だってあるのです。

ハラスメントがさまざまな場面で取り上げられているのに、自分だけは大丈夫、パワハラもセクハラも十分気をつけていて、そんなことを言ったりやったりしていない、と自信を持って言える人は何人いるでしょうか？

本人に嫌がらせをする意図がなくても、相手が不快に感じ、ときには不利益や脅威を与える言動であれば、それはハラスメントとなるのです。

ハラスメントは、よく知られているパワハラ、セクハラといったものだけではありません。ジタハラ、ハラハラ、シンハラ、ロジハラ、ソーハラ、エアハラ……。ハラスメントとなるものはたくさんあります。

もちろん、**ハラスメントのすべてが実際に裁判で認定されているわけではありません。しかし、人間関係のトラブルを未然に防いだり、人を無意識のうちに傷つけたりしないために、「ハラスメントとは何か」を知っておくことは社会人として必要な知識です。**

本書では、日常生活のなかでどのような言動がハラスメントになるのかを、それぞれの場面で詳しく解説しました。どんなハラスメントがあり、ハラスメントとならないためにはどのようにすればいいのか、といった点も解説しています。

こんな言動もハラスメントだったのかと、本書を読んで気付き、日頃の言動に注意し、より快適な職場や暮らしになるために役立てていただければ幸いです。

監修者まえがき

2020年6月、大企業に「改正労働施策推進法」（パワハラに関する部分がいわゆる「パワハラ防止法」で、中小企業には2022年4月から）が適用されて以来、私は次のような声をよく聞きました。

「パワハラ防止法ができたから、部下指導なんてできない！」「何でもパワハラと言われたら冗談も言えなくて窮屈になるだけだ！」「自分は被害者にも行為者にもならないと思うから興味も関心もない！」「パワハラ防止法ができたからといってうちの職場が変わるわけない。嫌がらせ行為を受けたと訴えたりすれば不利益を被《こうむ》るだけだ！」などです。

1999年の「男女雇用機会均等法」の改正法、いわゆる「セクハラ防止法」の施行時、私は旧労働省セクハラ調査研究会委員でしたが、**「セクハラ法なんて日本に定着するわけがない」**と言われたことを覚えています。

今回の「パワハラ防止法」も、**「何でそんな法律を作るのか！」**と何人もの人から言われました。このような人は、現在、厚生労働省に寄せられる相談のなかで嫌がらせやいじめが、労災と認定される件数も含めて、増加の一方であるという事実を知らないのでしょう。

これまでは職場であれ、日常生活であれ、病気になるほどに苦しんでも**「自分が弱いせいでこうなった」**と思って、泣き寝入りをしてきた人が多かったと思います。

しかし今は、**「特定の価値観への有無を言わせない強制」**には、断固として拒否するのが当然となっています。職位や立場がどうであろうと、特定の（しばしば、かなり自分本位の）価値観を押し付けられたくない、第三者から行動を一方的に制約されたくない、自分で決めたいと主張する人が増えています。

今回の法制化によってこのような申し出を否定されたり、放置されたりすることはできなくなるでしょう。

今回の厚生労働省の「パワハラ防止法」の条文では、ハラスメントを行った側に対して「加害者」という言葉はまったく使わずに「行為者」と明記されています。

身体的攻撃や脅迫やストーカー行為などの犯罪を除いて、まずは行為者とされた人にそのような“行為”を直してもらいたいという願いが込められているのではないかと私には感じられます。

指導者には本当に効果のある指導はどのようにされるべきなのかを考えていただきたい。自分がこれまでやられたことをやろうとしている人がいたら、以前の時代より言動の是非が厳しく問われることになります。

これまでのように仕事のできる人が部下からパワハラだと訴えられて、懲戒や異動などをせずに問題を隠蔽《いんぺい》するなどといったやり方は、法制化された以上は許されません。

欧米などでは、契約に基づいて上司が職務上の権限を行使するのは当たり前ですが、日本と違うのは、契約の範囲外（時間外、職務外）までに権限が及ばない仕組みになっています。

本書を手に取られた方のなかには「こんなことまでハラスメントになるの？」という疑問を持たれた方がおられるかもしれません。

しかし、さまざまなハラスメントの相談に立ち会ってきた私の経験から、（繰り返されるのなら）どの例も決して無視できません。ようやくハラスメントは許されないという文化が醸成されつつあると思います。

㈱日本産業カウンセリングセンター理事長

野原蓉子

それ、やってはいけない！

ハラスメント大全

目 次

1章 つい、うっかりではすまされない
〜「上司と部下」のハラスメント〜

2章 かつてのジョークは、今は犯罪に!?

～「職場」のハラスメント～

3章　それは、コミュニケーションではありません
～「男と女・性」のハラスメント～

4章 悪気はなくとも、取り返しがつかなくなります

～「ネット」のハラスメント～

5章　あれも、これも、実はやってはいけない
～「日常生活」のハラスメント～

6章 その嫌がらせ、相手の一生を台無しに
～学校・公共の場のハラスメント～

コラム

付録

本書の読み方

「結婚しなよ」はお節介を通り越してハラスメント

①

マリハラ

[マリッジ・ハラスメント]

②

＼イラっとくる「マリハラ」／

③

「結婚できない理由ってなに～？」
「いい歳なのに、どうして結婚しないの？」
「相手を選んでるんじゃない？　そのうち本当に結婚できなくなるんだからね。心配して言っているんだよ」
「今年も独身か。生きているうちに花嫁姿みたいわー」
「うちの課では、結婚してないのきみだけだね」

060

①ハラスメント名。上が省略型
②相手をイラっとさせるハラスメントの一場面をイラストで紹介
③相手をイラっとさせるハラスメントの言動をさまざまな場面を想定して紹介
④そのハラスメントの概要を解説

1章 「上司と部下」のハラスメント

詳しく知りたい「マリハラ」解説

独身者に対して「まだ結婚しないの？」などという質問は、会社の上司や同僚、あるいは親や近所の親切なおばさんなどから顔を合わせるたびに言われると嫌になるものです。独身である理由の詮索、無遠慮なアドバイス、結婚の圧力をかけるなど、相手の嫌がる行為をマリハラと言います。お節介な人からすると、親切心からと思い込んでいるのでハラスメントの自覚はほとんどありません。 ④

知っておきたい「マリハラ」と社会の動き

厚生労働省がWebで公表している「あかるい職場応援団」では、上司によるマリハラは「個の侵害」に当たるハラスメントで「業務上の必要もなくプライベートにかかわることに対し執拗に立ち入る行為」と規定されるものなのです。 ⑤

気をつけたい「マリハラ」対策

マリハラを行わないためには、本人が言い出すまで話題にしたり、詮索したりしないことが大切。「結婚」という言葉は、職場ではＮＧワードと心得るくらいでちょうどいいでしょう。「結婚しないの？」「彼女にプロポーズした？」などとは聞かないようにしましょう。また、マリハラに遭ったら、「親切心は嬉しいのですが、私なりの考えがあるのでそっとしてくれませんか？」と柔らかく突き放すのが大人の対応です。結婚している人がマウントをとるためにマリハラをする人に対しては、放っておいて近づかないのがベターです。 ⑥

061

⑤そのハラスメントにまつわる法律や事件例、社会の変化を紹介

⑥そのハラスメントの対策案。無意識にハラスメントをする人、被害を受けている人などを想定して紹介。あくまで対策の目安とし、おかれた状況に応じて、会社のハラスメント担当窓口や社外のハラスメント窓口（→ 214 ページ）に相談しましょう

デザイン・DTP　センターメディア
イラスト　波打ベロ子
編集協力　武井一巳

序章

ハラスメントとは何か

「それ、ハラスメントです！」

知らなかったではすまされません

「さっきのプレゼン、準備がおろそかだったんじゃないか？他の仕事が大変なのはわかるけど、みんな同じ。仕事量変わらないけど残業はできないんだから。とにかく効率的にやらなきゃ。仕事の仕方は自分で考えてやらないと。なんでも人に頼れるって甘えた考え方なのは、ゆとり世代だからだよ」

部下にこんな言葉をかけていませんか？ 「それは叱咤激励で､親心だよ」なんて思っている人もいるでしょう。でも、それ、受け手側からするとハラスメントです。

先ほどの言葉に２つのハラスメントが含まれています。｢仕事量変わらないけど、残業はできない」と言えば、時短ハラスメント（→38ページ)、「ゆとり世代だから」と言えば、エイジ･ハラスメント（→57ページ）になる可能性があります。ついでに、労いのために食事に誘い、「若いんだから、もっと食べろよ｣とすすめれば飯ハラスメント(→50ページ)に、「『鬼滅の刃』まだ見てない？　遅れてるな」などと言えば、鬼滅の刃ハラスメント（→80ページ）なのです。

知らずにハラスメント（＝嫌がらせ）をしていたあなた。**問題なハラスメントをすれば、会社で配置転換や減給になるばかりか、相手が精神の支障をきたして働けなくなったら、傷害罪に問われ15年以下の懲役、または、50万円以下の罰金を言い渡されることだってあるのです（刑法204条)。**

「職場におけるハラスメントの定義」とは？

まずは、定義をしっかり読み込んでおきましょう

ハラスメント（harassment）とは、嫌がらせや迷惑行為を指します。定義としては、行為者の故意の有無に関係なく被害者が不利益を被り苦痛を感じるような言動のことです。職場においてはどうなのでしょうか。

2020年6月1日より、いわゆる「パワハラ防止法」が施行されました。それにあわせて厚生労働省から職場におけるハラスメントに関するガイドラインが公表され、ハラスメントに該当する例として、６つの事例が掲載されています。

（１）身体的な攻撃　（暴行・傷害）
（２）精神的な攻撃　（脅迫・名誉棄損・侮辱・ひどい暴言）
（３）人間関係からの切り離し　（隔離・仲間外し・無視）
（４）過大な要求　（業務上明らかに不要なことや遂行不可能なことの強制・仕事の妨害）
（５）過小な要求　（業務上の合理性なく能力や経験とかけ離れた程度の低い仕事を命じることや仕事を与えないこと）
（６）個の侵害　（私的なことに過度に立ち入ること）

この６つの事例は、企業がハラスメントを判断する際の指標になるでしょう。

ハラスメントだと感じられれば、全部ハラスメント⁉

嘆きたくなる「ハラスメントの難しいところ」

厚生労働省のリーフレットには、ハラスメントにならない例も掲載されています。

たとえば、パワハラとみなされる身体的な攻撃では、殴打や足蹴り、物を投げつけるといった行為はハラスメントですが、不意にぶつかってしまったのはハラスメントになりません。廊下ですれ違いざまに相手の肩や背中にパンチすれば、これはハラスメントですが、狭くてすれ違えず、誤って背中を押してしまったら、これはハラスメントではありません。

仕事のミスを、社員がいる前で大声で叱責したら、これはハラスメントとみなされますが、遅刻が多いことを何度も注意しても改善されない社員に、少し強めに注意しても、これはハラスメントとは認められません。

また、**ハラスメントかどうかというのは、同じ言動でも受けた側がハラスメントだと感じればハラスメントで、そう感じなければハラスメントにはならない**のです。

これがハラスメントの難しいところ。自分だったらハラスメントとは感じないから、と判断してやった言動が、相手にとってはハラスメントだと訴えられ、降格や左遷の対象になってしまうことさえあるのです。

ただし、被害者と行為者（とされた人）の主張が真っ向から違っているような場合には、平均的な男女の感じ方を参考に判断されます。

ついに「パワハラ防止対策」が義務化！

話題の法律施行の内容とは？

大手企業は2020年６月１日から、中小企業は2022年４月１日から、それぞれハラスメント防止対策が義務化されることになりました。

このハラスメント防止対策の義務化は、「パワハラ防止法」とも呼ばれるもの。この法律によって、企業には「雇用管理上必要な措置を講じること」が義務付けられました。

パワハラの基準そのものを法律で定め、これを防止するよう企業に対策を義務化したのです。それがパワハラ防止法の根幹です。企業が講じるべき防止措置は、次の３つが明記されました。

（１）職場におけるパワハラの内容・パワハラを行ってはならない旨の方針を明確化し、労働者に周知・啓発すること
（２）相談窓口をあらかじめ定め、労働者に周知すること
（３）職場におけるパワーハラスメントに係る事後の迅速かつ適切な対応

これらが法律で定められたため、企業内でパワハラなどの問題が起こったとき、これを企業が放っておけば法律に違反することになり、ペナルティを受けるのです。

ハラスメント時代の「3大困る人」と対策

「行為者」「被害者」「がんじがらめになる人」の心得

パワハラやセクハラは、最近では多くの人が気をつけているハラスメントです。会社では女性社員には間違っても手を触れないとか、若い社員を人前で「ダメじゃないか！」などと叱責しない、といった具合に気をつけている人も少なくありません。

しかし、パワハラやセクハラだけではありません。テクハラ、エイハラ、パタハラ、メシハラ、リスハラ、ジタハラ、コロハラ……。ハラとつくハラスメントは、一説には100種類以上もあるとさえいわれています。こんなにあると、どんな言動をしてもハラスメントだと言われそうで、何もできない気がしてきます。

本書では、会社や家庭、人間関係などに、現在どのようなハラスメントがあるのか、どのような言動が問題なのかを解説しています。本書を読んで、やっぱり何をやってもハラスメントになるじゃないか、と感じるかもしれません。しかし、本当に気をつけたいのは、たった3つの点だけです。

（1）知らずに行為者になっていないか

どんな言動がハラスメントなのかを事前に知っておけば、注意した言動がとれます。怖いのは、知らずにハラスメントの行為者になっていないかどうかという点。

「そんなんじゃ嫁に行けないぞ」というのは、昔なら問題化しませんでしたが、現在はシンハラ（シングル・ハラスメント)。パソコンの操作を聞かれ、「課長、そんなこともできないんですか!」と言えば、これはテクハラ(テクノロジー・ハラスメント)になります。

どんな言動が相手を傷つけるハラスメントになるのか、これまで知らずにやっていたことも多いはずです。まずは、**人が何に不快と感じるかを知ることが大切**なのです。本書のハラスメントの数々をザッと目を通すときに、このことに気をつけて読んでみてください。

(2)ハラスメントを受けたら泣き寝入りしない

逆に、自分が毎日ハラスメントを受けているのに、我慢していないでしょうか?

「君は女性なんだから、この仕事は向いてないよ」

「ウチは働き方改革を進めてるから、残業なんかせずに早く退社するように」

そんなふうに言われ、しょうがないなと諦めていないでしょうか? これらはジェンハラ(ジェンダー・ハラスメント)であり、ジタハラ(時短ハラスメント)になる可能性があります。どんなハラスメントになるのかを知らなければ、被害者になっても声を上げられません。また、ハラスメントと知らずにモヤモヤした不快を引きずっていたら、精神に不調が起こりかねません。

「自分を助けられるのは、まずは自分から」

本書のハラスメントの数々を読むときに、当てはまるものを見つけてみてください。また、実際には企業であればハラスメントの担当者に、それでも対処されなかったらしかるべきところに相談してみてください(→214ページ)。

（3）過敏になってコミュニケーション不足

何を言っても、何をしても、パワハラ、セクハラと言われそうで、若い人とは付き合えない——そんなふうに思っていませんか？

ハラスメント（harassment）というのは、「嫌がらせ、苦しませること、怯《ひる》ますこと」と訳されます。もともとはフランス語を語源としており、「繰り返し行う、執拗《しつよう》に行う」という意味が含まれています。この「繰り返し」「執拗な」という点に、ハラスメントの問題の本質があるといっても過言ではありません。

自分では気づかずに、もし相手から「それはハラスメントですよ」と言われたら、素直に反省して謝意を示し、よく話し合って互いにコミュニケーションを深めることが重要です。

ハラスメントと言われたら、自分の言動が本書のどれにあたるか探してみてください。他にもしていないか自戒にもなります。

1章

つい、うっかりでは すまされない

～「上司と部下」のハラスメント～

職場のハラスメント、ナンバー1

パワハラ

[パワー・ハラスメント]

＼イラっとくる「パワハラ」／

「まだ商談がまとまらないのか！　お前は給料泥棒か？」

「つっかえねえ、やつだなあ。なにができるの？」

「バカか！　もう一回、小学校からやり直せ」

「これは愛のムチだよ。殴る手も痛いって忘れるな」

「おまえの親の顔が見てみたいよ。どうせバカなんだろ」

「正社員でもない派遣社員が出しゃばるな！」

詳しく知りたい「パワハラ」解説

　パワハラという言葉が新聞やテレビなどに登場したのは、1990年代に入ってからです。昭和の時代ならまだしも、令和のいまどき、部下にこんな発言をしたら、パワハラだと訴えられかねません。それほどパワハラは職場でよくあるハラスメントであり、多くの人に広く認知されているハラスメントです。

　文字通りたたき上げで育ってきた人の指導は、同じようにたたき上げをするもの。パワハラ発言もつい口から出てきてしまうのでしょう。部下の不甲斐なさや仕事の失敗などを見て叱ったり、奮い立たせようとつい余計なことを口走ったりしてしまうことがあります。

もっと詳しい「パワハラ」解説

　パワハラというのは、同じ職場で働く者に対し、その上司や立場の上の人が優越的な関係に基づいて、適正な業務の範囲を超えて精神的、身体的に苦痛を与えることを言います。厚生労働省は、このパワハラの定義とともにパワハラに該当しがちな行為として次の６つの点を挙げています。

（１）身体的な攻撃　（２）精神的な攻撃
（３）人間関係からの切り離し　（４）過大な要求
（５）過小な要求　（６）個の侵害

　言葉だけでなく、もちろん暴力はパワハラ。さらに仲間外れにしたり、過大な仕事を強制したり、あるいはプライベートに過度に立ち入ることなども、パワハラとなるのです。

知っておきたい「パワハラ」と社会の動き

パワハラの基本は、職場で立場の強い者が弱い者に対して行う嫌がらせの言動ですが、実は最近ではもっと範囲が広がってきています。

職場だけでなく、一般社会でも立場の強い者が弱い者に対して行う嫌がらせ全般を、パワハラとして認識されるようになってきているのです。店舗や企業で、客が店員や社員に嫌がらせ行為をすれば、これもパワハラです。ただし、これらをもっと細分化して「モラハラ」(→88ページ)や「カスハラ」(→180ページ) と呼ばれることもあります。

多くのハラスメントの根底にはパワハラやセクハラがあります。そのハラスメントを、する側とされる側、状況などによって細分化したものが、現在ではさまざまなハラスメントとして認定されているわけです。

もっと知っておきたい「パワハラ」と社会の動き

職場などで上司にパワハラされたら、人事部や社内相談窓口などに相談します。また、全国にある労働局・労働基準監督署にある相談コーナーなども相談に乗ってくれます。パワハラは裁判になることもあります。裁判でパワハラが認定されれば、行為者や企業は損害賠償などの民事責任を問われることになります。また、行為者は「傷害罪」「名誉毀損罪」「侮辱罪」の刑事責任を問われることもあります。企業に対し、行為者や上司の懲戒処分が求められることもあるのです。企業は、社員からのパワハラの相談を無視できないのです。

さらに2019年には、改正労働施策総合推進法（パワハラ防止法）が成立し、大手企業では2020年６月、中小企業では2022年４月から施行されます。この法律では、事業主は職場におけるパワハラ防止のために、雇用管理上必要な措置を講じることが義務付けられ、適切な措置が講じられていないときは、指導の対象となります。

気をつけたい「パワハラ」対策

職場では、たとえ部下でも失敗を責めたり、ちょっと厳しい言葉でなじったりすれば、パワハラだと指摘されかねません。しかし、なぜ失敗したのか、どう挽回すればいいのかといった点は、上司としてはその場で確認・指導しておきたいもの。

こんなときは、パワハラにならないよう十分に注意するのはもちろんですが、叱責の言葉をかける前に、まず褒め言葉をかけるようにすると、その後の言葉はパワハラとは受け取られにくくなます。「また失敗したのか！」というよりも、「いつもがんばってるのは知ってるよ。でも、今回はちょっと失敗だったね」といえば、部下も素直な気持ちで言葉に耳を傾けられます。言葉を言い換えるだけで、パワハラと受け取られるのを避けることもできるのです。

代案なしに時短を強制

ジタハラ

［時短ハラスメント］

＼イラっとくる「ジタハラ」／

「ウチは働き方改革を進めてるからさ。残業なんかせずに早く退社するように」

「残業しなきゃ終わらないようなら、家でやってきなさい」

「あと1時間だけど、これ、今日中だから」

「残業も、休日出勤もNGだよ。仕事が終わらないって言うけど、若い君ならできるでしょ」

詳しく知りたい「ジタハラ」解説

厚生労働省主導で始まった働き方改革で、残業や休日出勤などを極力やらないように進めている会社も多くなっています。しかし、仕事の量が減らずにこれまでと同じなら、社員を増やしたり、仕事のやり方そのものを変更しない限り、働く時間の短縮などできないでしょう。

膨大な量の仕事をこなさなければならないのに、こんな言葉で残業や休日出勤を削減されたり、なかにはサービス残業を強制されたり、持ち帰って自宅で仕事をすることを強制されてはいませんか？　これがジタハラです。

もっと詳しい「ジタハラ」解説

ジタハラとは仕事でいえば､勤務時間を短縮することです。この時間の短縮のために、従業員に残業時間を削減するよう要求したり､「必ず定時で退社すること」「休日出勤をしない」などと強制するのは、パワハラの一種です。

働き方改革や時短といったものは、全社一丸となって取り組むもの。そのためには、仕事のやり方そのものや、残業せずに仕事を完了するための対策などを社員に提示し、協力して取り組むものです。

社員個人が、ひとりで時短を実現しようとしても、できるものではありません。それなのに業務量を調整しないで時短だけ強要するのは、ハラスメントそのものなのです。

知っておきたい「ジタハラ」と社会の動き

ジタハラとは逆に、残業や休日出勤を強要するのは、パワハラとして認定されています。労働基準法第36条に労働基準が定められており、法定労働時間は１日８時間、週40時間を超える時間外労働や休日出勤などを行う場合、労働基準監督署に届け出る必要がある、と定められています。

上司から残業をするよう強要された場合、労働契約書や就業規則に記載されている以上の量ならパワハラとなります。ジタハラは、残業をしないことを強要されるという意味では、こちらもパワハラと判断されることになります。

気をつけたい「ジタハラ」対策

働き方改革によって、時短で快適に仕事ができる環境が整うことはビジネスパーソンにとって理想といえるでしょう。しかし、それを実現するためには、個人の力ではどうしても無理があります。時短しなければならないときは、そのための代案を用意すべきですが、会社の方針が決まっていないときは、「残業するな」などと強要するのではなく、何とか残業せずにすむような方法を協力して生み出すしかありません。

「仕事もいいけど、身体も大事にしないと。間に合わないようなら手伝うから」といったいたわりの言葉をかけることが、ジタハラを避け、部下のモチベーションを上げることにもなります。

新型コロナから生まれたハラスメント

コロハラ

[新型コロナ・ハラスメント]

＼イラっとくる「コロハラ」／

「奥さん、看護師？　仕事減らしていいから会社来ないで」

「東京支社さんですか？　感染者が多くて大変でしょう。会議は控えていただいて結構です。資料などあとで送ります」

「今、咳しただろー！　電車降りろー!!」

「感染の疑いあり？　遊んでたんじゃないの？」

「退院はおめでたいけど、ちょっと近寄らないでくれる？」

詳しく知りたい「コロハラ」解説

2020年に世界を襲った新型コロナウイルスは、過去に例をみないほどの感染拡大率で、重症者や死者を出しています。特に持病を抱えていたり、年齢を重ねていたりするほど感染率や重症化するリスクが高いと言われ、恐れられています。その恐怖心もあいまってか、新たなハラスメントが生まれました。企業などでは、ウイルスに感染している恐れがあるからと根拠のない理由を突きつけて出社を控えさせ、仕事や給料を減らしたり、リストラの理由にしたりなどが横行しました。また、特定の地域や職業などの人に対して嫌がらせ行為が広がってきました。これら、新型コロナウイルスにまつわるハラスメントをコロハラといいます。

もっと詳しい「コロハラ」解説

コロハラは、企業ばかりでなく保育園や病院、学校などでも起こっています。看護師や医者などの家族が、まるで感染しているような扱いを受けたり、その子どもが学校や保育園で差別されたりなど。同じように会社内でも、家族に医者や看護師がいると、その社員がウイルスに感染しているかのような扱いを受け、上司や同僚から「出勤するな」と言われるのです。あるいは、東京にある会社の営業社員が埼玉などに営業に行ったり、関西に出張して会議に出たりしようとすると、来ないで欲しいと言われたりします。

この非常事態に感染拡大の防止に努めて、配慮し合うのは賢明な選択です。しかし、それを超えた営業妨害や差別などが横行しているのは、間違いです。

知っておきたい「コロハラ」と社会の動き

コロハラがハラスメントであり、明らかな差別であることは言うまでもありません。「出勤するな」「出張してくるな」などといった発言は、コロハラであり、パワハラにもなります。医者や看護師の家族を差別するのも、もちろんパワハラです。感染の証拠もないのに、家族が病院に勤務していたり、居住地が感染者の多い地域だというだけで、まるでばい菌にでも触れるかのように差別するのです。小学生のいじめかと思うようなハラスメントが、会社のなかでさえ起こっているのです。上司や経営者としては、社員をウイルスから守ろうという気持ちがあるのはわかりますが、自分の身を守るために他の社員を平気で傷つけるコロハラは、パワハラでありモラハラにもなります。

気をつけたい「コロハラ」対策

新型コロナに感染すれば、入院または無症状の場合でも2週間の隔離が必要で、それ以降、陰性になれば、通常の生活に戻ってもいいとされています。会社でも同じで、陽性やその疑いが確認されない以上、感染拡大に注意しながら仕事をして構いません。コロハラで不必要に出勤を止めるなど、言語道断です。感染が心配なら、なるべくリモートワークに徹し、あるいは出勤日を交代制にして社内が密になるのを防ぎながら業務を行いましょう。これが「ニューノーマル」です。

「社員の感染が心配だから、交代制のリモートワークにする」と働き方を変えることで、ウイルス感染やクラスター発生を避けられる可能性が高くなり、社内のコロハラも回避できるのです。

「ハラスメントです！」と言ってマウントをとる

ハラハラ

[ハラスメント・ハラスメント]

＼イラっとくる「ハラハラ」／

「SNSに上げますよ。今の発言」

「あっ！ そんなことしていいんですか。パワハラです」

「課長、今のセクハラです。訴えますよ」

「メールの名前間違いの件については、御社の社内相談窓口に報告させていただきますから……」

「今の発言、ハラスメントが５つありましたよ」

詳しく知りたい「ハラハラ」解説

ハラスメントは、一般的には立場の強い者が弱い者に対して行う嫌がらせ行為です。代表的なパワハラは、会社の上司や得意先の担当者などが、部下や下請けの社員に対して行う嫌がらせです。ところが最近では、部下から上司に対する嫌がらせや、下請けの社員から発注元の社員に対する嫌がらせなどの行為も見られるようになりました。

それは、何でも「パワハラだ！」「セクハラです！」などと騒ぎ立て､言動を非難するハラスメントです。このように、ハラスメントを盾にする嫌がらせをハラハラといいます。

もっと詳しい「ハラハラ」解説

ハラハラは、立場の弱い者が立場の強い者に対し、ハラスメントだと騒ぎ立てるハラスメントです。職場などで何らかのハラスメントがあれば、これを社内相談窓口に報告して、社内で実態を調査して是正するのは大切なことです。

ところが、最近では、上司などからちょっと言われただけで､不快と感じて､ハラスメントだと騒ぎ立てる人がいます。親や先生から怒られた経験が乏しいと、上司に「これじゃダメだよ」などと注意されただけで、人格を否定されたと思い込み、パワハラだと騒ぎ出すようです。

他には、立場が弱いことを逆手にとって、ハラスメントだと騒ぎ立てることで、逆に強い立場に立とうとする人もいます。つまり、なんでも「ハラスメント！」と言って、相手が萎縮するのを利用しているのです。

知っておきたい「ハラハラ」と社会の動き

企業は、社員から社内相談室などに苦情が持ち込まれれば、調査をしたり、何らかの対処をしたりする義務があります。調査や対処をしなければ、違法となる可能性もあります。

これを逆手に取って、上司のちょっとした行為や叱責を、パワハラだ、セクハラだと騒ぎ立てれば、担当部署では調査をして対処する必要が出てきます。これでは通常の業務が滞り、最悪の場合は、明確なパワハラやセクハラがなかったときでも人事異動させざるを得ないケースも出てくるでしょう。なぜならば、社外に変に漏れれば、それこそ企業の信用問題にもなるからです。

このハラハラは、立場の弱さそのものが武器になるため、社内の関係部署でも手を焼いているというのが実情です。

気をつけたい「ハラハラ」対策

ハラハラが増えてきたのは、現代のビジネスパーソンの働き方が変化してきたため、という見方もあります。終身雇用や年功序列といった制度が崩壊し始め、嫌なことでも我慢すれば昇進・昇給できる、といったことが幻想になりつつあります。そこで社員は、嫌なことがあればすぐパワハラだと訴えるのです。

ハラハラの対策は、やはり、日頃から部下とコミュニケーションを取っていることが大切です。それでも、「ハラスメント！」と騒ぎ立てる部下がいる場合は、叱責したりアドバイスするときに、第三者的立場の人、たとえば別の部署の社員や総務、社内相談室の社員などに同席してもらうのもいい方法です。これでほとんどのハラハラは回避できます。

妊娠・出産で不当解雇は違法

マタハラ

［マタニティ・ハラスメント］

＼イラっとくる「マタハラ」／

「出産はめでたいよ。でもプライベートのことでしょ？」

「あの人も仕事しながらだったけど、もっと上手くやってたけどね。なんで君はそんなに休み休みなの？」

「一回、辞めてさ。また働きたくなったら再度入社したら？」

「そんなに大変かなぁ～代わってやりたいくらいだよ～。働いてるほうが絶対大変だってば」

詳しく知りたい「マタハラ」解説

「マタハラ」が新語・流行語大賞の候補になったのは、2014年のことです。妊娠や出産で、会社から解雇されたり不当な就業制限が行われたり、あるいは心理的・肉体的に嫌がらせを受けたりすることが問題視されるようになり、これが大きな話題となったからです。

妊娠したことを理由に退職を迫られたり、「この忙しい時期に、妊娠なんて勘弁してよ」「つわりが酷くて仕事にならないようなら、辞めてもらってもいいよ」などと、妊娠や出産をきっかけに、職場で妊婦に対して肉体的、精神的に行われる嫌がらせ行為がマタハラです。

さらに詳しい「マタハラ」解説

マタハラは、妊娠や出産によって、職場で仕事を制限されたり、嫌みを言われたりする行為です。このハラスメントは、上司ばかりでなく、最近では理解のない同僚からも行われることもあり、肉体的・精神的に不安定な妊婦にとってつらく、泣き寝入りする人も少なくありません。そのため、表面化しにくいといった問題もあります。

少子高齢化の現在、妊娠や出産で仕事を制限されるのは、大きな問題です。マタハラが社会問題と認識されるようになったのは、これらのことも大きな要因といっていいでしょう。しかし、実はある調査によれば、職場でのマタハラはセクハラよりも多い、という結果も出ているのです。

知っておきたい「マタハラ」事件簿

都内の中堅商事会社に勤める斉藤千秋さん（仮名）が、上司に妊娠を報告したところ、勤務態度が悪いとの理由で翌月に解雇通知。不当だと人事部に訴えても、どうせ子どもが生まれたらしばらく働けないのだからと、取り合ってもらえなかったそうです。

このような妊娠や出産を機に、就業制限が行われたり、不当な解雇を通知されるといったマタハラは、男女雇用機会均等法や育児介護休業法、労働基準法などに違反することもあります。

実際、2014年には最高裁で、妊娠を理由に降格を行うことは、業務上の必要性など特段の事情がある場合以外は、原則として男女雇用機会均等法違反に当たる、との判断を示しています。

気をつけたい「マタハラ」対策

妊娠や出産は祝われることであって不当な扱いを受けるものではありません。職場でも同様です。妊娠を理由に、不当解雇などもってのほか。降格や給料を下げるといったことも、もちろんマタハラになります。

「妊娠おめでとう。大変かもしれないけれど、がんばって。応援してるよ」と言葉をかけたり、仕事面で支えるなど、働きやすい環境を整えてあげてください。

食事をおごっただけなのに……

メシハラ

[飯ハラスメント]

＼イラっとくる「メシハラ」／

「食べないから体が細いんだよ。ごはんお代わりな」

「おごりでギョウザつけちゃう。昼でニンニクが気になる？せっかくおごるっていうのに拒否するの？」

「何度言っても忙しいって、飲みの誘いを断るんだな！」

「飯、食べに外に出てて、会社外だから聞くんだけど、彼氏とはうまくいってるの？」

? 詳しく知りたい「メシハラ」解説

部下の体調にかかわらず、「男なんだからお代わりしなさい」などと言って無理やり食べさせるのは、パワハラの一種。女だからと、ケーキやチョコレートを無理やり食べさせたりするのもハラスメントです。このように、上司に誘われた食事の席で、食事を無理やり食べさせる行為や、嫌がる部下を何度も食事に誘ったり、特定の部下だけ食事に誘ったりなど、食事にまつわるハラスメント全般を総称してメシハラ（食ハラ：食事ハラスメントとも）といいます。

? もっと詳しい「メシハラ」解説

「上司と食事に行き、コミュニケーションを重ね、ちょっと鼻についても自慢話は学びのうち、ときには仕事のノウハウまでアドバイスされるなんて、理想の上司じゃないか！」――昭和のサラリーマンなら、そう考えるのも仕方がありません。しかし、今は、就業時間は仕事、時間外はプライベートというように明確に線引きされる時代です。仕事が終わったら、英会話教室に通ったり、スキルアップのために資格試験対策の講座に通ったり、早く帰って趣味の時間に使ったりなどといった人も少なくありません。そんなプライベートな時間に会社の外で、延々と上司の自慢話や仕事の説教、プライベートをくどくどと言われると食事は楽しくありません。だから、上司と食事や飲みに行くのは避けたいと考える人も少なくないようです。

こんな両者のひずみがハラスメントを生む原因になり、何度も続くとハラスメントと言われるのです。

気をつけたい「メシハラ」対策

上司から食事や飲みに誘われれば、部下としては断りにくいものです。メシハラ対策としては、まずは、部下を食事に誘う頻度を下げること。誘いたいときは、「あの店、ちょっとうまいって噂らしいよ。仕事が片付いていたら、行ってみる？」と軽い感じで、断れる余地を残しながら誘うのがコツです。

また、上司からすると会社外は上司と部下の関係を超え、人間と人間の付き合いになると思われがちです。そのため、プライベートな話まで踏み込んでもいいように思えますが、部下からするとそうではないようです。

たとえ、酒の席でもある程度の緊張を強いられるのです。その認識を改めるだけで、メシハラのきっかけは減るのではないでしょうか。

おやつや土産もハラスメントになる!?

オカハラ

[お菓子ハラスメント]

イラっとくる「オカハラ」

「あ、人数分足りなかった〜。ごめ〜ん」

「仲間外れにするつもりなんてないよ。ただ、配るの忘れてただけ。気にし過ぎじゃない？」

「今度、京都行くんでしょ？　例のアレな！　箱で買ってくるんだぞ！　楽しみにしてるからな！」

「辛いの苦手だっけ？　知ってた（笑）」

詳しく知りたい「オカハラ」解説

出張で地方や海外に出かけると、土産を買ってくるのが不文律のように社内ルールとして存在する会社があります。出張で毎回土産物を購入して配るのは、社員が和気あいあいとしているようですが、これがハラスメントの温床になることもあります。

土産を買ってくるのはいいのですが、出張明けにオフィスで土産物を配るとき、人数分だけないからといって、いつも特定の相手に土産がなければ、これはハラスメント。また、休憩時やおやつ時に、特定の相手に飲み物やお菓子などを配らないこともあります。これがオカハラです。出張や休みの旅行などで、土産を購入してくるよう強要するのも、オカハラになります。

気をつけたい「オカハラ」対策

「たかがお菓子くらい……」などと思わないほうがいいでしょう。特定の相手に飲み物やお菓子を配らなかったり、土産を強要するといったことは、相手が不快に思う行為です。

ハラスメントは、こちらにその気がなくても、相手が不快に思えば、ハラスメントと認定されることがあります。休憩時のお茶やお菓子は自分で用意したり、出張時の同僚への土産は禁止、といった社内ルールを決めておけば、オカハラの防止になります。

男の育休は認められない？

パタハラ

［パタニティ・ハラスメント］

＼イラっとくる「パタハラ」／

「育休って、君が産んだわけじゃないだろ」

「１週間？　せめて３日にしてくれよ」

「年度末で忙しいときに、男の育休なんて認められないよ。考え直してくれない？」

「ん？　なに？　最近では、男も育休が取れるって？　取ってもいいけど、職場を替えられても文句言えないよな？」

詳しく知りたい「パタハラ」解説

妊婦ばかりでなく、最近では父親が育児休暇を取るケースが増えつつあります。ところが、企業では、男性の育休に嫌みを言ったり、査定を調整したりすることも多いようです。このようなハラスメントをパタハラといいます。パタニティ（paternity）は、「父性」と訳される言葉です。

知っておきたい「パタハラ」と社会の動き

フランスでは、子どもの誕生後に男性は11日間の「父親休暇」を取るのが一般的です。この父親休暇を、2021年７月からは25日間に増やし、そのうち１週間は義務とする法律が施行されます。世界の先進国では、父親が育休を取るのは一般的である以上に、父親の義務とみなす風潮さえできつつあるのです。対して日本では、厚生労働省が2020年に発表した「男性の育児休業の取得状況と取得促進のための取組について」によれば、女性の育休取得率は80％以上に対し、男性は6.16％でしかありませんでした。

気をつけたい「パタハラ」対策

子どもが１歳になるまでの１年間、育児休業を取得でき、社会保険に加入していれば育児休業給付金も支給される制度があります。これは世界でもトップクラスの制度。たとえ会社に育休制度がなくても、「育児、介護休業等育児又は家庭介護を行う労働者の福祉に関する法律」（育児介護休業法）で、誰もが育休を認められる権利を持っています。父親が育休を取るのは、当然の権利なのです。

年齢や世代で人に嫌がらせ

エイハラ

[エイジ・ハラスメント]

＼イラっとくる「エイハラ」／

「だからかー。甘やかされて育ったゆとり世代っぽいわ」

「もう30歳過ぎたんだってね。おばさんじゃないか」

「まだ若いんだし、外回り100件くらいしなきゃ」

「部長もいいお年ですから、そのスーツは派手ですよ」

「山田さーん。加藤さーん。ゆりかちゃーん！」

「カーペンターズ知らないって、嘘だろ!?」

? 詳しく知りたい「エイハラ」解説

同僚や部下、女性社員など、社内では親しみを込めて名前を「ちゃん」付けで呼んだり、「おばさん」「おじさん」といった呼称を使ったり、あるいは、気を使ってか、年齢によって与える仕事を分けたりします。しかし、相手が嫌がっていたり、仕事の分担がおかしかったりと、企業内での年齢に関する差別や嫌がらせをエイハラといいます。

? もっと詳しい「エイハラ」解説

社内ではもちろん、最近では一般家庭や学校、高齢者施設などでもエイハラが問題になってきています。

エイハラは他のハラスメントと比較しても範囲が広く、年齢によって仕事を制限したり、「おじさん、おばさん」などと呼んだり、結婚や恋愛などプライベートな質問をする、といったこともエイハラになるケースがあります。

これらはパワハラやセクハラ、マリハラ（→60ページ）などに分類されることもありますが、相手の気持ちに関係なく、年齢にかかわる話題をテーマにするような行為がエイハラに該当します。

上司から部下へというエイハラだけでなく、陰で「老害がっ！」「時代遅れの化石かよ」「ジジイのくせに」と批判するなど、部下から上司へのエイハラもあり、知らずにハラスメントを行っていることも少なくありません。

そんな批判が本人の耳に届けば、明らかに嫌がらせ、エイハラになります。

知っておきたい「エイハラ」と社会の動き

職場での男女差別が、セクハラやパワハラにつながることから、近年では性別による差別や嫌がらせは減少傾向にありますが、性別だけでなく年齢による差別や嫌がらせは増えています。

年齢によって仕事が差別されたり、呼称が変えられたり、あるいは団塊の世代、ゆとり世代、団塊ジュニア、バブル世代といった特定の年代による区分けなど、知らずにやっているエイハラも少なくありません。「だからゆとり世代はダメなんだ」などと言っていませんか？職場で年齢によって差別していると民法の不法行為とみなされ、職場の「安全配慮義務違反」「職場環境保持義務違反」などに問われる可能性もあります。

気をつけたい「エイハラ」対策

対策としては、まずは、年齢や世代で能力や趣味、価値観などの決めつけはやめましょう。また、その人の体力や能力を見た上での仕事の振り分けをしても、年齢や世代による差別はいけません。

特に、言葉使いには十分注意しましょう。「若いんだから」「もう歳なんだから」などと言わないようにしたいものです。「若いのに……」と言わずに、「入社してまだ日が浅いのに……」と言い換えるだけでエイハラを未然に防ぐことができます。

「結婚しなよ」はお節介を通り越してハラスメント

マリハラ

[マリッジ・ハラスメント]

＼イラっとくる「マリハラ」／

「結婚できない理由ってなに〜？」
「いい歳なのに、どうして結婚しないの？」
「相手を選んでるんじゃない？　そのうち本当に結婚できなくなるんだからね。心配して言っているんだよ」
「今年も独身か。生きているうちに花嫁姿みたいわー」
「うちの課では、結婚してないのきみだけだね」

詳しく知りたい「マリハラ」解説

独身者に対して「まだ結婚しないの？」などという質問は、会社の上司や同僚、あるいは親や近所の親切なおばさんなどから顔を合わせるたびに言われると嫌になるものです。独身である理由の詮索、無遠慮なアドバイス、結婚の圧力をかけるなど、相手の嫌がる行為をマリハラと言います。お節介な人からすると、親切心からと思い込んでいるのでハラスメントの自覚はほとんどありません。

知っておきたい「マリハラ」と社会の動き

厚生労働省がWebで公表している「あかるい職場応援団」では、上司によるマリハラは「個の侵害」に当たるハラスメントで「業務上の必要もなくプライベートにかかわることに対し執拗に立ち入る行為」と規定されるものなのです。

気をつけたい「マリハラ」対策

マリハラを行わないためには、本人が言い出すまで話題にしたり、詮索したりしないことが大切。「結婚」という言葉は、職場ではＮＧワードと心得るくらいでちょうどいいでしょう。「結婚しないの？」「彼女にプロポーズした？」などとは聞かないようにしましょう。また、マリハラに遭ったら、「親切心は嬉しいのですが、私なりの考えがあるのでそっとしてくれませんか？」と柔らかく突き放すのが大人の対応です。結婚している人がマウントをとるためにマリハラをするのに対しては、放っておいて近づかないのがベターです。

育児中の忙しい人に追い打ちをかける

育ハラ

［育児ハラスメント］

＼イラっとくる「育ハラ」／

「そんなに休まれたんじゃ、仕事ができないじゃないか！」
「おばあちゃんとかにさ、頼めないの？　困るなあ」
「保育園に預けるだけでしょ？　それならおれでもできるよ？　大変じゃないじゃん」
「私、育児で大変なの！　気を使いなさいよ！　そこんところわかるよね？」

詳しく知りたい「育ハラ」解説

小さな子どもがいると、保育園や幼稚園の送り迎え、急な病気やケガなどで、仕事に支障が出ることもあります。そんなとき、育児を理由に言葉で攻撃されたり、ときには仕事を押し付けたり、取り上げたりと、嫌がらせをされることがあります。このような育児を理由とするハラスメントが育ハラです。特に女性に対する育ハラが多く、ある調査によれば、育児中の女性の７割が、マタハラや育ハラを受けた経験があるそうです。男性の育ハラもあり、パタハラ（→55ページ）といいます。

育児をしていれば、ときには仕事にも影響が出るもの。最初のうちは私が代わってあげるから、などと親切にしてくれていた上司や同僚も、忙しくなるとつい「こんなんじゃかばい切れないよ」「育児っていっても保育園に預けるだけじゃない」などと愚痴ったり、口をきいてくれないといった嫌がらせをしてきたりすることもあります。

特に、自分に仕事のしわ寄せがきた人が、陰で文句を言ったり、仲間外れにしたりといった嫌がらせも多く、男性ばかりか女性からの育ハラが目立っています。

知っておきたい「育ハラ」と社会の動き

男女雇用機会均等法や育児・介護休業法では、育児中の女性も安全かつ継続的に働ける権利があり、企業はこれらの職場の環境を整える義務があります。しかし、実際には企業よりも上司や同僚による育ハラもあり、働くママさんたちは疲れ切っているのです。

もっと知っておきたい「育ハラ」と社会の動き

令和元年の厚労省の調査によれば、各都道府県労働局に寄せられたセクハラに関する相談件数のうち、育ハラやマタハラといった妊娠・出産等を理由とするハラスメントの相談は、セクハラ（7,323件）に次ぐ4,769件にものぼっています。これは全体の21％ほどで、企業内でいかに育ハラやマタハラが多いかわかります。

気をつけたい「育ハラ」対策

育児中の社員のなかには、育児を理由に仕事面で配慮して欲しいと言い出す人もいますが、会社としては過度な配慮はできなかったりします。また、子どもが病気になったり保育園の行事があれば、休むのは当然でしょ、といった横柄な態度の人も見かけます。これでは育ハラへのリベンジ。育児を理由に、他の社員や会社に嫌がらせ行為をしていることと同じです。会社や同僚の助けがあった上で育児の保障が成り立っていることを忘れてはなりません。

育ハラは、育児が始まるまでに上司や会社と相談しておくことがポイントです。もちろん、思いがけない突然のことは起こりますので、綿密に相談しておいて信頼関係を築いておきましょう。その際に、仕事の時間や量などをムリのない範囲でおおよその分担するのが大切です。育児をする側は、決して仕事をおろそかにしないという誠意をみせましょう。上司や同僚側はその誠意を受け、可能な範囲で応援するのが理想です。もしくは、会社にその旨を伝え、仕事量を調整できるように経営者側と相談しておきましょう。

ハラスメントが罪になるとき

ハラスメントが罪となるのはどこからでしょうか？　企業でパワハラが問題になるのは、多くは仕事の一環で上司が部下に命令するときです。この命令の方法や言い方に行き過ぎや強い言葉、叱責などがあると、これが問題になってきます。

ただし、それを問題にするためには、上司の言動がパワハラだという証拠が必要になります。そして大概の場合、その証拠がありません。言った、言わないといった水掛け論になり、そもそも「部長はこう言いましたよね」「おれはそんなこと言ってない」となれば、これではパワハラには問えません。裁判でも負けてしまいます。

セクハラは仕事に関係のないことですから、最初からアウト。しかし、セクハラもパワハラも１対１の場面で行われることが多いため判断が難しい点では同じです。セクハラを受けたあとに、被害者がすぐに警察に行ったり、医者に行ったり、身近な人に相談したりすることは、有効な証拠となります。それでも被害者のショックが強い場合には、たいていそのような行動がとれません。

そこでセクハラでもパワハラでも行為者とされた人へのヒアリング（事実確認）が最も重要になります。たとえ行為者が否定したとしても、ヒアリングでの発言・態度・前後の状況から判断されます。客観的な証拠が示せないからといってハラスメントが認定されないわけではありません。

2章

かつてのジョークは、今は犯罪に⁉

～「職場」のハラスメント～

企業が犯しがちな二度目のハラスメント

セカハラ

［セカンド・ハラスメント］

＼イラっとくる「セカハラ」／

「君にも問題があったんじゃないの？」

「パワハラって言うけど、上司はあなたのことを思って言ったんだよ。それを騒ぎ立てるのはどうかなぁ」

「ハラスメントって相談してきたの、君が初めてだよ。仕事が増えるから、それくらいなら控えてくれないかな」

「セクハラで訴えたってさ。色目使ってよく言うよ」

? 詳しく知りたい「セカハラ」解説

ハラスメントの被害者が、上司や同僚などに相談したとき、逆に相談者が悪いのだと責められたり、相談したことでいじめられたりするなど、ハラスメントにかかわる二次的ハラスメントをセカハラといいます。

ハラスメントの告発や上司や、同僚に被害に遭っていることを相談することは、かなり勇気のいることです。セクハラを受けたと告発すれば、色眼鏡で見られたり、セクハラされたほうが悪いのではないか、などと勘ぐられたりするのでなかなか言い出せません。

そんなハラスメントの相談者に対し、さらに嫌がらせを行うセカハラは、ますます事態を悪化させ、被害者を追い詰めてしまう行為です。

知っておきたい「セカハラ」と社会の動き

社内で起こるハラスメントは何種類もあります。人によって「そんなことが苦痛になるの？」と思うようなハラスメントもあり、相談者にすぐに寄り添えないことがあるかもしれません。

しかし、労働契約法のなかには「使用者は、労働契約に伴い、労働者がその生命、身体等の安全を確保しつつ労働することができるよう、必要な配慮をするものとする（第５条）」という安全配慮義務を定めた条文があります。また、セカハラにつながるような対処をすれば、企業側は損害賠償請求される可能性もあります。

気をつけたい「セカハラ」対策

上司や会社など相談された側は、社員からハラスメントの訴えや相談があれば、できるだけ被害者に親身になり、ハラスメントの内容や相談者の声に真剣に耳を傾けることが大事です。相談者からすると、言い出しにくいことを勇気を振り絞って相談しており、相談窓口はハラスメント解決の最後の砦のような心境の人もいるのです。その心境に配慮して対応に当たるようにしましょう。

会社としては、専用の相談窓口や部署を設定することが必要です。もちろん、ハラスメントの担当がセカハラを行ったり、セカハラの原因になるような言動をしたりするのは絶対に避けなければなりません。そして、相談内容などが外部に漏れないように注意することが必要です。

セカハラは、「親身に相談に乗る」「外部に漏れないようにする」この２つをしっかり守れば、未然に防ぐことができます。日頃から研修を行うなど、対策しておきましょう。

セカハラはあってはならないのが大前提ですが、ハラスメントを相談する際には、セカハラ対策をしっかりとっているか、念を押して相談窓口に確認してから行うことを心がけてください。また、セカハラがあったときは迷わずに指摘するようにしましょう。

企業の相談窓口などでセカハラがあるようなら、各都道府県に設置されている労働局や厚労省の労働相談窓口などに相談するといいでしょう。

リストラ対象者に対する嫌がらせ

リスハラ

[リストラ・ハラスメント]

＼イラっとくる「リスハラ」／

「退職勧告が来たって？　遅すぎるくらいだよ」

「会社辞めるの？　それとも辞めさせられるの？」

「君の仕事は明日から、この段ボールにある書類をはさみで切って。シュレッダーを使わない理由は特にないよ」

「あー。君はいいよ、手伝わなくて。我々の仕事だからさ。君は、そうだな、コピー機でも掃除しといて」

? 詳しく知りたい「リスハラ」解説

上司から突然、部署の配置転換を言い渡されたり、極端に重要度が低い仕事を大量に押し付けられたり、同僚がみんな忙しそうに仕事をしているのに、自分には何も仕事が与えられなかったりなど、会社の業績が落ちてくると、こんなケースが頻繁に起こることがあります。不況だから仕方ないか、などと思って諦めていませんか？

これはリスハラです。企業にはさまざまな仕事があり、ときには誰もやりたくない仕事をしなければならないこともあります。しかし、上記のことは、明らかにハラスメントです。

? もっと詳しい「リスハラ」解説

リスハラは、リストラ対象となった社員に対し「そんなだからリストラされるんだ」などと罵ったり、苦痛を与えたりなど、精神的、身体的に追い込むような行為です。企業ですから、ときには業績が悪く、リストラせざるを得ないときもあります。早期退職者を募り、企業規模を縮小するときもあるでしょう。そんなときに、社員の自主退職にもっていこうという発想からリスハラが行われるのです。

最近は企業でもあからさまなリスハラをすることはなくなってきていますが、メールアドレスを停止して外部と連絡を取れないようにしたり、一日中資料室で資料の並べ替えをさせたり、特別部署を作って窓のない地下室を割り当てる、といったリスハラの実例もあります。

知っておきたい「リスハラ」と社会の動き

リスハラは、モラハラ（→88ページ）の一種といえます。モラハラは、精神的な暴力や暴言ですが、リスハラは明らかに違法な退職強要です。かつてリストラ対象者を一室に集め、無意味な仕事をやらせる「追い出し部屋」が話題になりましたが、まさにこれと同じことで、リスハラは陰湿ないじめといっていいでしょう。

会社が社員を解雇する場合、会社都合での退職には会社に助成金がおりない場合があります。自主退職にすれば、解雇時のトラブルを回避できるため、リスハラが横行するのです。リスハラと認定されれば慰謝料や未払賃金の損害賠償が請求される可能性があります。

気をつけたい「リスハラ」対策

アリの世界には「２割の働きアリが残り８割のアリの食料を集めてくる」という法則があります。これを人間の経済に当てはめたのが「パレートの法則」ですが、会社でもやはり２割の社員の売り上げが、残り８割の社員の給料を賄っているといわれています。

リストラ対象になる社員もいれば、残る社員もいます。でも、明日は我が身。あなたがリスハラすれば、明日はあなたがリスハラされる側に回るかもしれません。

「退職」や「リストラ」という言葉は、ビジネスパーソンにとっては嫌な言葉です。冗談でも、「そんなことではリストラされるぞ」などと言わないこと。「いつでも相談に乗るよ」と親身になってあげてください。

不快な音は個人で異なります

音ハラ

[音ハラスメント]

＼イラっとくる「音ハラ」／

「この前さ‼　○×通りにうまいラーメン屋ができたんだよ。ガッハッハ‼」（職場で、部長が大声で無駄話。電話していても相手の声が聞こえない）

「カタカタカタカタ……」（隣の席の貧乏揺すりが止まらない）

「キィー……」（食事のとき、フォークを皿に立てる人がいる。黒板を引っかいたような音で頭が痛くなる）

詳しく知りたい「音ハラ」解説

パソコンのタイピングの音が「パーンッ！！」と必要以上に大きな人、周りにいませんか？　あるいは、貧乏揺すりをしていて、イスや机、床などで音を立てたり、ドアや引き出しを力いっぱい音を立てて開け閉めしたり、話し声や独り言が大きくて、隣で電話をしていても声が聞こえなかったり、ドタバタと歩いたり……。

最近では、これらの職場での気になる音や不快な音を再三注意しても直さなかったり、嫌がらせのためにわざとしたりすることを音ハラと言います。

もっと詳しい「音ハラ」解説

音の感覚は人それぞれ。ストレスとまではいかなくても、聞こえてくる不快な音で、仕事に集中できないという人もいます。仕事に集中するために、イヤホンをつけて音楽を流したり、仕事に集中したいときは耳栓をする、といった人もいます。しかし、会社や仕事によっては、イヤホンや耳栓をするのがはばかられることもあります。上司から突然話しかけられ、「はい？」「えっ、何ですか？」などと返答したら、失礼になるばかりか、コミュニケーションが取れずに仕事もうまく進みません。

ある調査によれば、職場の音ハラとして最も多いのが、キーボードを必要以上に強く叩く音だそうです。その他、咳やため息、食べ物を食べるときのくちゃくちゃという音、大きな声での独り言などが挙げられています。

知っておきたい「音ハラ」と社会の動き

この音ハラはストレスの原因となり、そのために裁判になることだってあります。

労働安全衛生法では、事業者は「快適な職場環境の実現と労働条件の改善を通じて職場における労働者の安全と健康を確保するようにしなければならない」と定めています。職場での「音」が、明らかにストレスの原因となれば、この法律に違反するわけです。

不快な音を出している本人は、ほとんどのケースでは嫌がらせとして音ハラをしているのではありません。無自覚で音ハラをしていることが多く、ハラスメントをしていることをわかっていません。ただし、無自覚であったとしても責任を問われる場合があります。音ハラは、この点が難しいのです。

気をつけたい「音ハラ」対策

職場に響く不快な音で、それが音ハラだと思われるときは「もう少し静かにしてもらえませんか」といえば、なくなるケースもあります。普通は、そんな簡単なことで収まりますが、そのためには日頃からコミュニケーションを取り、互いの信頼関係を深めておくことも必要です。

また、「そのキーボード、壊れてない？」「最近、ドアの音がするようになったね」など、騒音の原因を、音を立てている人のせいにするのではなく、パソコンやドア、机、床などのせいにして言ってみると、相手にそれが不快な音だと気づいてもらえることも少なくありません。まずは、気づかせることが大事です。

職場の「好きです！」は迷惑でしかない

告ハラ

[告白ハラスメント]

＼イラっとくる「告ハラ」／

「おれの気持ち知ってて、拒否してるでしょ」

「これで39回目の告白だね。で、返事は？」

「なんで、あの人からの好意は喜んで、ボクではそんな嫌そうな顔するの？」

「付き合えない？　いい部下だと思っていたんだがな」

「勇気を振り絞ってLINEしたのに返事がないよ」

詳しく知りたい「告ハラ」解説

最近はスマホのマッチングアプリが流行で、恋人や結婚相手を真面目に見つけるのに利用されるようにまでなっています。このマッチングアプリに限らず、男女の出会いがあまりないと嘆く若者は少なくありません。そんななかで、職場に気になる人が現れたら……。「好きです」「付き合ってください」などと何度も告白するのは、相手からすると、職場で騒ぎになるようなことなのでして欲しくないもの。職場での執拗な告白を告ハラといいます。

もっと詳しい「告ハラ」解説

告ハラというのは、気になる相手や好意を抱く相手に、それとなく好意の気持ちを表したりせずに、突然「付き合ってください」などと告白することです。特に職場などで、相手との関係性を気にせず、無理に告白する行為で、こんな告白をされたら、相手は精神的な苦痛を感じるでしょう。告白することで、相手を不快にさせる行為のため、ハラスメントとみなされます。

自分は相手に好意を持っており、それを告白しただけだから、別に問題にされることではないだろう、と考えてしまう人もいるでしょう。人によって、また、場所によっては、ただの迷惑であり、ハラスメントなのです。

知っておきたい「告ハラ」と社会の動き

告ハラがメディアに初めて登場したのは、2017年ごろのこと。セクハラやパワハラの一種として、告ハラは「強制的に相手との関係性を迫る行為」だと解説されています。

気をつけたい「告ハラ」対策

職場で突然告白などしようものなら、場をわきまえない不快な相手と認識されます。同じ会社の社員といっても、それはたまたま同じ職場に勤めているだけで、友達でも親戚でもありません。告白してきた相手が上司だったり、断っても何度も告白されたりすれば、以後職場に居づらくなり、精神的な苦痛になったり、それが原因で会社を辞めなければならなくなったりするのです。このように、まずは、はやる自分の気持ちよりも相手の気持ちを理解してください。

告ハラに悩んでいたり、今まさに告ハラを受けているという人は、「迷惑な行為である」「ハラスメントである」旨を伝えましょう。それでも執拗に繰り返される場合は、上司や信頼できる同僚などに相談したり、社内の相談窓口に相談するといいでしょう。メールやLINE、告白の録音などがあれば、これらも提出して相談すると解決が早まります。

趣味の押し付けと同調圧力

キメハラ

［鬼滅の刃ハラスメント］

＼イラっとくる「キメハラ」／

「『鬼滅の刃』見た？　まだ見てないって判断が遅い！　流行を知らないって社会人として恥ずかしいと思わない？」

「映画見たからって騒がないで。原作読んでないでしょ」

「ウッソー！　キメツに興味ない？ おかしいんじゃない？」

「こっちはファンだから、LINEグループに入らないで」

「見てないのに〈全集中〉とか、ホントやめて！」

? 詳しく知りたい「キメハラ」解説

2020年10月に劇場版が公開されるや、１カ月で観客動員数1,750万人、興行収入233億円を記録した映画『鬼滅の刃 無限列車編』は、これまでの観客動員数や興行収入の記録を塗り替え、国内で歴代１位になりました。

コロナ禍で外出を自粛していた人が、公開と同時に大挙して見に行った映画。原作となったコミックも大ベストセラーで、2020年の最大のヒット、流行ともいえる『鬼滅の刃』ですが、映画を見ていない人や、自分はあまり興味がないという人を批判する人が増えています。これが「鬼滅の刃ハラスメント」、略して「キメハラ」です。

? もっと詳しい「キメハラ」解説

流行の映画や本を見ていなかったり、読んでいなかったりする人に、面白いから見なよと誘うのは、もちろん悪いことではなく、コミュニケーションのひとつです。

ところが、自分は興味ないとか、面白いと思えないなどと言い出そうものなら、おかしいんじゃないか、世の中から遅れているぞ、と馬鹿にし、さらにいじめやパワハラに発展するのが怖いところです。

実際、小学校などでまだ映画を見ていない子を仲間外れにしたり、休みの日に上司から執拗に映画に誘われたり、会社で昼食に誘われなかったりと、キメハラが発展したパワハラも出てきています。

もちろん、これは『鬼滅の刃』に限ったことではありません。

知っておきたい「キメハラ」と社会の動き

キメハラに限らず、音楽、ドラマ、あるいはアイドルなど、好きな作品やアイドルなどを過度に押し付けてくる人は、これまでにもたくさんいました。それらはいい気分ではありませんでしたが、キメハラが問題なのは、それがパワハラにつながっている事例も少なくないからです。

キメハラが発展すれば、映画を見ていない人、コミックを読んでいない人などを仲間外れにし、「見に行け」などと強制し、見なければ不利益になるような対応にまでつながることもあります。これは明らかにパワハラ。立場の強い者が弱い者に、その立場を利用して何らかの行為を強制するのですから、もし上司などから執拗に強制されたら、社内相談室や弁護士に相談するレベルです。

気をつけたい「キメハラ」対策

キメハラとは逆に、他人の趣味や好きなことを批判するハラスメントもあります。コミックやアイドルなど、人によってそれぞれ好きな対象や趣味は異なっています。これらを批判したり、攻撃したりするのは、パーハラ（114ページ参照）行為です。趣味や好きな対象などを批判したり、逆に趣味を押し付けたりといった行為は、行き過ぎれば不快なもの。批判されたり強引に誘われたりして不快に思ったら、はっきり不快だと言いましょう。

キメハラに遭ったら「鬼滅もいいけど、ぼくはドラえもんファンだから。『STAND BY ME 2』はいいよ。もう見た？」と煙に巻いてしまいましょう。ただし、くれぐれも「ドラハラ」にならないように。

酒に強くても強要はダメ

アルハラ

［アルコール・ハラスメント］

＼イラっとくる「アルハラ」／

「おれが酒を注ごうとしてるんだぞ。断るなよ」

「お酒強そうだよな。もっと飲めるでしょ」

「ここ飲み放題だから、もっと飲まなきゃ損だよ」

（遅れて参加した部下に対して）「こっちはだいぶ飲んでいるんだから、いっき（一気飲み）しないと!!」

「もう一軒、付き合えよ」

詳しく知りたい「アルハラ」解説

飲酒を強要する行為をアルハラと言います。このような行為は、日本独自とまではいいませんが、海外ではそれほど多くありません。飲み会の席は「飲みニケーション」などといわれ、古くからコミュニケーションの潤滑油として用いられてきましたが、度を超した飲酒の強要は、ハラスメントそのものです。特に上司など立場の強い者からの強要は、パワハラとしても認定されています。

知っておきたい「アルハラ」事件簿

かつて職場などでアルハラが目立ち、1980年代に飲酒の強要が原因で死亡者が出たことをきっかけに、社会的な問題にまでなりました。「イッキ！　イッキ！」とはやし立てる「一気飲ませ」が流行したことも原因で、急性アルコール中毒で救急搬送されるなどといった事件も起こっています。

また、世界保健機関（WHO）は、「酒を飲まないことを選択した成人は、飲まないという行動が支持され、かつ、飲酒を強いられることから守られる権利を有する」と表明しています。

気をつけたい「アルハラ」対策

最近では、飲酒しない人・断酒と決めている人も少なくありません。アルハラにならないよう、酒の席では、それぞれのペースで楽しむのが無難。社員との飲み会では、ソフトドリンクも遠慮なく選択できるようにし、ルールを作成して明確にしておくといった対策をとりましょう。

辞職の執拗な引き止めは違法になることも

慰留ハラ

［慰留ハラスメント］

＼イラっとくる「慰留ハラ」／

「いや、来年には係長にするから、考え直して」

「そんな急に辞められたら困るんだよ。引き継ぎで半年はいてもらわないと」

「同じ業界では誰も雇わないよう手を回すぞ」

「うちでは違約金を払わないと退職できないからな」

「どこに転職するの？　同程度の給料にするから」

詳しく知りたい「慰留ハラ」解説

現代の若者のなかには、会社に就職したら一生その企業に仕える、といった発想は希薄です。会社の業績が悪くなったり、その仕事に興味がなくなったり、転職すれば給料が上がったりといったさまざまな理由で、会社を退職して別の社に転職する人も増えています。ところが、企業にとって優秀な社員を雇い、あるいは社員を育てるのは大変なもの。数年かけて一人前に育てたのに、ある日、突然辞めたいと言ってきても、そう簡単に辞められては困るのです。そのため企業は、あの手この手を使って引き止めようとします。しかし、それは慰留ハラです。

企業によっては昇給や昇進をちらつかせたり、ときには泣き落としに出たり、最後には恫喝めいたことをする企業さえあります。退職したいと願い出た途端、給料を大幅に下げられたという実例さえあります。これらはすべて慰留ハラです。

知っておきたい「慰留ハラ」と社会の動き

労働基準法では、社員は最初の契約から１年以上が経過した日以後は、いつでも退職することができる（第137条）と規定されています。執拗な慰留ハラは、これに抵触する可能性があり、違法なのです。

もちろん、退職するためには、原則として「２週間前」に退職の意思を告げること（民法第627条）という規定もありますが、これを守っていれば慰留ハラなど気にする必要はありません。

気をつけたい「慰留ハラ」対策

　一般的には退職の2週間前に意思表示すれば、退職することが可能です。しかし慰留ハラを回避したければ、なるべく早めに、しかも理由を明確にして退職の意思表示をすることも大切。また繁忙期は避け、十分な引き継ぎをしておけば、無用な慰留ハラなど受けなくなる可能性が高まります。

「辞めてからも、何かあれば連絡ください」と連絡先をしっかり伝えておけば、送り出す側も気持ちよく送り出せます。これなら慰留ハラに遭う可能性も低くなります。

　転職や退職には、それなりに理由もあるのでしょう。それをあの手この手で慰留ハラが横行するためか、ここ数年、退職代行といった職業さえ出てきています。退職届の提出や、あとの交渉、手続きを代行してくれるというビジネスです。

　いずれにせよ、最後まで責任を持って仕事を行ったり、後任者にしっかりと業務を引き継ぎ、退職しても仕事が滞ることのないようにしておく、といった準備が必要でしょう。

言葉や態度による精神的暴力

モラハラ

[モラル・ハラスメント]

＼イラっとくる「モラハラ」／

「そんなこともできないのか！　考えればわかるだろ」

「あなたが洗った食器、なんだか汚れが落ちてなくて気持ち悪いわ」

「だからお前はダメなんだよ」

「チッ。使えねぇヤツだな」

「謝れば解決できると思ってるでしょ」

詳しく知りたい「モラハラ」解説

モラハラとは、言葉や態度等によって行われる精神的な暴力のことです。モラル（morals）というのは、倫理や道徳などを表す言葉。モラハラは、モラルに反する嫌がらせのことで、相手を無視したり暴言を吐いたり、相手を馬鹿にしたり嫌味を言ったり、ときには何も理由がないのに睨みつけたり、不機嫌そうにふるまったり、相手の人格を否定するような言葉を吐いたりすることです。

もっと詳しい「モラハラ」解説

会社や近所付き合い、夫婦間など、人が２人以上集まれば、必ずといっていいほどモラハラの問題が出てきます。「自分は家庭ではいい夫で、家族に手をあげることなどない」という人でも、気づかないうちに嫌なことがあるとつい「チッ」と舌打ちしたり、「なんだよ！」と威嚇する。なかなか他人も自分もわかりにくいハラスメントで、モラハラされた側はそれ以上に相手が不機嫌にならないで欲しいために、つい相手の言動を受け流したり、相手の言いなりになったりしがちです。

知っておきたい「モラハラ」と社会の動き

モラハラそのものが事件になった例は少なく、モラハラが原因で殺人事件や傷害事件に発展したケースはたくさんあります。2015年には、妻になじられた夫が妻の頭を素手で殴って反撃し、殺人にまで発展した事件も起こっています。

知っておきたい「モラハラ」と社会の動き

もともとモラハラというのは、フランスの精神科医であるマリー＝フランス・イルゴイエンヌ医師が提唱した言葉です。肉体的な暴力と違い、言葉や態度等によって行われる精神的な暴力で、長く潜在的に存在してきたものだと言っています。精神的な暴力でも、肉体的な暴力と同じか、ときには肉体的暴力以上に人を傷つけるもので、犯罪であるとまで定義しています。

モラハラは、「大人のいじめ」のような様相を呈したハラスメントです。ただし、パワハラのように立場の強い者から弱い者に対するものとは異なり、立場に関係ない場合があります。これがモラハラの難しいところです。

気をつけたい「モラハラ」対策

モラハラかどうかを判断するのは、なかなか難しい面があります。そのため、モラハラに遭っていると感じたら、相手の言動を録音したり記録し、社内の相談窓口などに相談してみましょう。家庭内でモラハラがあるときは、弁護士などに相談するのが早道です。モラハラかどうかを、信頼できる第三者に判断してもらうわけです。

新人や部下などに、つい「そんなこともできないのか」と言ってしまいがちですが、こんなときは一呼吸おいて、「一緒に解決しよう」と言ってみましょう。自分のなかのイライラを落ち着かせるだけで、モラハラを回避できるケースは多いのです。

暑さ、寒さは誰が決める？

エアハラ

[エアー・ハラスメント]

＼イラっとくる「エアハラ」／

「外回りしてきたボクをいたわってよ〜。エアコンの温度下げるからね。あと、扇風機こっち向けて」

「28℃設定？　それ、意味ないでしょ。18℃に」

「熱いのは脱いで対策できないでしょ。寒いのは着ればいいんだから、室温下げるね」

「乾燥するから暖房ダメ？　勘弁して〜」

詳しく知りたい「エアハラ」解説

暑がりの上司がエアコンのリモコンを離さず、いつも低すぎる温度に設定している、なんて会社もあるようです。周りは、ひざ掛けや毛布を脚に巻いている女性社員がいるのではないでしょうか。社内でずっとパソコンを操作して書類作りをしたり、冷え性気味の女性にとってこれは辛いものなのです。社内のエアコンの温度設定を上司が独占し、暑すぎたり寒すぎる温度に設定したりする行為は、エアハラと呼ばれています。

もっと詳しい「エアハラ」解説

社内で仕事をする社員と、外歩きで出たり入ったりする社員とでは､エアコンの設定温度にも違いが出てきます。また、暑がりや寒がりといった体質によっても、快適な温度が異なってきます。ただし、社内にいる社員から暑い、寒いといった苦情が出るようなら、設定温度について話し合い、快適な温度に設定したいもの。寒がっている女性社員に対し、「オレは暑いから」などと温度を下げるのはエアハラになります。

労働安全衛生法には「事業者は快適な職場環境を形成」するよう努力義務が課せられていますが、「平均的に設定された温熱条件」の範囲内で温度設定をしていれば、問題ないとされています。

知っておきたい「エアハラ」と社会の動き

暑がりの上司のエアコン設定のために、ひざ掛けや毛布、カーディガンなどで防寒対策をしている女性社員は少なくありません。でも、エアコンの温度が体に合わない場所で長時間我慢していると、体調を壊すだけでなく、ときにはうつ病に発展するケースもあります。

エアコンの温度を低めに設定しながら、社内で女性社員に上着を着ることを禁止したり、逆に温度設定が高すぎて、熱中症になったりして、裁判に発展したケースもあります。

気をつけたい「エアハラ」対策

エアハラを防止するためには、社内で話し合って快適な温度の設定をマニュアル化するのもいいでしょう。その室温で寒い・暑いと感じれば、各自で対策を行うわけです。

ちなみに環境省が推奨している室温の目安は、夏は28度、冬は20度です。これはエアコンの設定温度ではなく、あくまで室温。この室温になるよう、エアコンを自動運転させれば、エアハラの回避にもなります。

近年では猛暑が問題になっており、熱中症対策も必要になってきています。「寒いようなら少し温度を上げようか」「暑かったら温度を下げていいよ」と部下の体調まで気を配る上司こそ、仕事ができる管理職なのです。

柔軟剤、香水、制汗シートなどの強いにおい

スメハラ

[スメル・ハラスメント]

＼イラっとくる「スメハラ」／

「今日もポマードでビシッときめてきた」

「昼でも、焼き肉行ってきてもいいだろ？」

「ランニングしながら今日も出社。気持ちがいい」

「会社にいる間中、強めの柔軟剤のにおいがずっとするから頭がくらくらするって言うけど、良いにおいよ」

「服の洗濯は週に一度って決めてるの！」

詳しく知りたい「スメハラ」解説

夏になるとコンビニでは制汗シートやスプレーなどが並びます。もともと日本人は体臭が薄い傾向があり、そのため、においに敏感なのかもしれません。ただ、「臭い！」と言う人はあまりいないため気がつかずに、周囲に不快なにおいを撒き散らしている人もいます。注意されても対策しない迷惑な行為をスメハラといいます。

もっと詳しい「スメハラ」解説

においにもさまざまなものがありますが、口臭や整髪料、香水といったものもスメハラの原因になります。また、食生活や生活環境、衛生状態などからくるにおいもあります。最近では衣料の柔軟剤や、シャンプーのにおいが原因となるスメハラもあります。アルコールやニンニク臭といったものも、気をつけたほうがいいでしょう。

知っておきたい「スメハラ」と社会の動き

嗅覚には個人差があるため、どのようなにおいがハラスメントになるのか、基準はありません。そのため、会社などで特定の個人を呼び出して、それとなく注意を促すといった行為は、逆にパワハラととらえられるケースもあります。

ただし、あまりに酷いにおいを何度も撒き散らして同僚などを不快にさせていたり、注意を促しても改善される様子が見られないようなときは、社内での配置換えや異動の対象となることもあります。

もっと知っておきたい「スメハラ」と社会の動き

最近はスメハラで会社を辞めさせられたり、裁判になったりする事例もあります。香水がきつく、会議室などににおいが充満するためそれとなく注意したところ、逆にパワハラだと訴えられた例もあります。においは人によって感じ方が異なり、基準がないところもスメハラの難しい点です。

また、最近では柔軟剤が原因となるスメハラも増えています。柔軟剤に使われる化学物質にアレルギー反応を引き起こす人がおり、スメハラ以上に健康被害としての側面も取り上げられています。

日本消費者連盟などの市民団体の調査（2020年）によれば、スメハラに苦しんでいる人は圧倒的に女性が多く、なんと回答者の82.6％が女性だったという結果も出ています。

気をつけたい「スメハラ」対策

スメハラで特定の個人に注意を促すのは、パワハラにつながるケースもあります。個人ではなく全従業員を対象とする講習会を定期的に開催したり、健康診断のときに担当医にそれとなく注意してもらうなど、スメハラを防ぐためには細心の注意が必要です。

それほどにおいがきつくないようなら、脱臭機能付きの空気清浄機やエアコンを導入してみるのも解決につながることがあります。また、ハラスメント全般に対する社内講習とは別に、社内エチケットに対する講習や啓蒙も効果があります。

タバコの煙はパワハラの一種

スモハラ

[スモーク・ハラスメント]

＼イラっとくる「スモハラ」／

「1本だけ吸っていいでしょ？　ね、1本だけ」

「受動喫煙、ナニソレ」

「タバコ1本くらいで騒ぐなよ。1回吸ってみれば」

「上司に向かって、ささやかな楽しみを奪うようなことというなよ！　タクシーの中くらいいいだろ」

「タバコより酒のほうが体に悪いからっ」

詳しく知りたい「スモハラ」解説

スモハラは、喫煙に関する嫌がらせのことです。あるいは非喫煙者に喫煙を強要するなどのハラスメントを指しています。また、喫煙することがスモハラではなく、受動喫煙が避けられないような状況で、非喫煙者の前で喫煙することが、スモハラなのです。非喫煙者にとって、タバコの煙やにおいは不快なものなのです。

もっと詳しい「スモハラ」解説

公衆の場での喫煙が問題になるようになって、企業でも社内禁煙を実施するところが多くなっています。2020年4月からは、健康増進法の一部が改正され、飲食店やオフィスなどの屋内では、原則禁煙になりました。オフィス内で喫煙したり、飲み会で部下の前で喫煙したりするのは、スモハラになる可能性があります。現在では、多くの職場も社内禁煙を徹底させたり、喫煙室を設ける企業が増えましたが、打合せと称して喫煙可能な場所に部下を呼び出し、部下の前で喫煙すれば、スモハラであり、パワハラだと訴えられることだってあります。

知っておきたい「スモハラ」事件簿

2012年に、保険会社に入社後、社長の喫煙により健康を害されたとする原告が、社長を相手に裁判を起こしています。この裁判では、社長の行為が職権乱用に当たるとして、原告に約375万円を支払うようにとの判決が出ています。

もっと知っておきたい「スモハラ」事件簿

たかがタバコなどと侮ってはいけません。タバコがきっかけで、500万円近くもの支払いを命じられた裁判もあるのです。社長が新入社員の前で喫煙した結果、この社員には動悸や頭痛、めまいなどの症状が起こりました。そこで社長に、喫煙はベランダでするようにお願いしたところ、社長はこれを拒否。あげくに退職勧告まで行う始末。その結果、新入社員が裁判を起こし、退職勧告後の本来の就業期間分の賃金500万円近くの支払い命令が出た、という事例です。

気をつけたい「スモハラ」対策

一般社員なら、上司の喫煙に文句を言うのは、なかなか難しいものです。厚生労働省による健康増進法の改正で、職場でも受動喫煙を避けるために禁煙にしたり、喫煙室を設ける方向に急速に進んでいることを盾にお願いすると、ある程度、理解を示してくれるかもしれません。

職場でのスモハラを避けるには、これはもう部下の前ではタバコを吸わない、という選択肢しかありません。また飲み会などでも、喫煙しないことを徹底するしかありません。喫煙者には、なんとも居心地の悪い環境ですが、喫煙はささやかな楽しみと考え、ひとりだけの世界でゆっくりと喫煙を楽しんでください。

「楽しいよね！」の押し売り

エンハラ

[エンジョイ・ハラスメント]

詳しく知りたい「エンハラ」解説

「仕事ってのはな、楽しくてナンボなんだよ。な、毎日楽しいだろ？」などと、上司や同僚から言われたことはないでしょうか。仕事は楽しいと思う人もいる一方で、生活のために仕方なく働いている人もいます。ところが、自分が楽しいんだからあなたも楽しいだろう、などと決めつけて、楽しさを無理やり押し付けてくる人がいます。これがエンハラです。

知っておきたい「エンハラ」と社会の動き

個人の価値観の押し付け、強要が頻繁に行われるようなら、ストレスの原因となりかねません。エンハラはパワハラの一種であり、職場にいることがストレスと感じるようなら、損害賠償の請求に発展することもあります。

気をつけたい「エンハラ」対策

楽しく仕事をすることは素晴らしいことです。しかし、「楽しいだろ？」などと強要はいけません。そうではなく、「仕事が楽しくなるように上司としてサポートするよ」程度の発言にとどめておくほうが無難です。人にはそれぞれの感じ方があり、みんな同じではないということを、日頃から心得ておくことです。

歌いたくない人に無理やり歌わせる

カラハラ

［カラオケ・ハラスメント］

＼イラっとくる「カラハラ」／

「今日も行けない？　ノリが悪いなぁ～」

「恋愛デュエットを一緒に歌えない!?　なんだか、これから会社で円滑にコミュニケーション取れなさそうだな」

「順番きたのに、まだ歌の予約していない。シラけるなぁ」

「キミに言ってなかった？　あ、この前のカラオケに行ったときに話したから知らないんだね。人事のこと」

詳しく知りたい「カラハラ」

全国各地にカラオケ店がある日本は、老若男女問わず、歌うのが好きな国民性。会社の帰りや休日に、同僚や友人とカラオケに寄り、大声で歌うのがストレス解消になるという人も少なくないでしょう。それが社内コミュニケーションに役立ちます。しかし、気をつけなければならないのは、すべての人がみな人前で歌うのが好き、カラオケ好きというわけではないという点です。

歌うのが苦手だったり、カラオケが好きではなかったりする人を、無理に誘い、歌わせるのはパワハラ。あるいは、カラオケ好きの上司に誘われて、無理やり上司とデュエットさせたり、女性アイドルの曲に合わせて踊らせたりすると、セクハラです。そんなカラオケにまつわるハラスメントをカラハラといいます。

気をつけたい「カラハラ」対策

カラハラは、カラオケ嫌いに歌うのを強要するハラスメントですが、嫌がる部下を何度もカラオケに誘い、出社拒否になったというケースもあります。カラオケが苦手な人にとっては、誘いを断り続けるのも心苦しいもの。しかし、個室で苦手な時間を過ごすのは窮屈なのです。

カラオケは、職場のコミュニケーションを図る手段のひとつですが、苦手な人には、別のコミュニケーションを取るように心がけるのが無難です。または、歌いたい人は歌う、そうでない人に無理強いをしないようにしましょう。

介護休暇の取得を邪魔する職場のハラスメント

ケアハラ

[ケア・ハラスメント]

＼イラっとくる「ケアハラ」／

「介護休暇って、ただ休みたいだけじゃないのぉ～？」

「それは、プライベートのことでしょ！」

「困るんだよね。会社も大事にしてもらわないと」

「それさ、老人ホームとか、介護士を雇ったりできないの？」

「今のポストでやってくの無理じゃない？」

「緊急搬送？　介護も、あともう少しのがんばりかな？」

詳しく知りたい「ケアハラ」解説

高齢化社会にともない、介護が必要な人も増えてきました。介護しなくてはいけないけれど、生活の基盤になる仕事も必要。そのため勤務時間を調整し、介護休暇を取得して仕事と上手く両立させようとしている社員が増えているのです。しかし、そんな社員が上司から嫌みを言われたり、別の部署に異動させられたりするケースが出てきています。これが問題となっているケアハラです。

知っておきたい「ケアハラ」と社会の動き

育児介護休業法には「事業主は、労働者が育児休業の申し出をし、又は育児休業をしたことを理由として、当該労働者に対して解雇その他不利益な取扱いをしてはならない」と明確に記載されています。もちろん、介護も同じです。介護休業によって不利益な扱いをしてはならないのです。降格させたり、本人が望まない部署に異動させたり、また嫌みを言ったりすることなどは、明らかに違法なのです。

気をつけたい「ケアハラ」対策

企業が社員に寄り添うことも重要です。両立させようとがんばる社員には「心置きなく親孝行してください」と励ましたいところ。そんな職場環境ならば復帰後も仕事に全力投球したくなるのです。さらに、晩婚化が進む最近では、働き盛り世代の育児と介護のダブルケアさえ問題になりつつあります。現代では、会社側が社員の働き方そのものを見直す必要も迫られているのです。

プライベートを執拗に聞き出す

正月ハラ

［正月休み明け・ハラスメント］

詳しく知りたい「正月ハラ」解説

正月が終わり新年が始まると決まって出てくるのが「正月ハラ」です。正月ハラは「正月休みにどこに行ったの？」と執拗に聞いたり、自分から「ハワイ行ったんだけどさ……」と、マウントを取る嫌がらせです。正月は温泉に行ったり、海外に行ったりするのが当然、といった雰囲気もあり、この正月ハラが横行しているようです。

気をつけたい「正月ハラ」対策

正月に海外に行こうが、温泉に行こうが、あるいはスキーに行こうが、すべてプライベートなこと。本人が言い出す前に、どこに行ったのかなどと執拗に聞くのは、プライベートを詮索するハラスメントです。

海外に行くのが当たり前、などというのは偏った価値観ですし、家族で家にいて静かに正月を過ごすのも、もちろん家族の価値観によるもので、誰にも批判されるものではありません。

正月ハラは、何らかの法律に違反するようなものではありませんが、上司が部下に執拗に尋ねたりすれば、パワハラだとみなされることもあります。他人のプライベートには、あまり深く踏み込まない、それがハラスメントを回避するコツです。

Column

ハラスメントが「ある企業」と「ない企業」の違い

ハラスメントというと、ワンマン社長の中小企業なら日常的にパワハラがあふれ、一部上場の大企業ではパワハラといった問題はない、などと思っていないでしょうか。

実はパワハラやセクハラといったハラスメントは、会社の大小に関係なく、いたるところで噴出しています。

企業で起こるハラスメントは、従来の上司が部下に「働け！成果を出せ！」と号令をかけている際に起こりがち。一方で、会社の目標が掲げられ、社員一丸でプロジェクトに取り組むスタイルであれば、パワハラは起こりにくいのです。なぜなら、組織や社員一人ひとりの目標が一致していれば、努力や苦労は働く意欲になり、上司の言葉はパワハラではなく叱咤激励になるからです。もちろん、モチベーションを上げれば何をしても許されるわけではありません。

会社では、上司から部下へというトップダウンの上下関係があります。このとき、ハラスメントがある会社では「部下なんだから上司の命令を聞け」という意識があります。ところがハラスメントがない企業では上司が部下に「一緒にやろう！」と仕事上で立場は違うけれどパートナーとしての意識があります。

従来型の日本の組織では、パワハラが生まれやすい土壌があるため、根本的に変えていく必要があるのです。

3章

それは、コミュニケーションではありません

～「男と女・性」のハラスメント～

許されない一発退場のハラスメント

セクハラ

［セクシュアル・ハラスメント］

＼イラっとくる「セクハラ」／

「おめでた？　なんだか、最近ちょっと太った？」
「若い女性社員が入れてくれたお茶は美味しいねえ」
「若い人って、エッチって週にどれくらいやってるの？」
「疲れているだろうから肩揉んであげるよ」
「男なんだからいいでしょ。減るもんじゃないし」
「課長、わざと下着見えるようにかがんでくるよな…」

詳しく知りたい「セクハラ」解説

ハラスメントが社会的に取り上げられ始めたのは、セクハラやパワハラがきっかけです。日本でセクハラが問題になり始めたのは、1980年代のことですから、日頃から気をつけている人も少なくないでしょう。セクハラは、セクシュアル・ハラスメントを省略した言葉のため、性的嫌がらせや性的言動を指すことと思われがちですが、その範囲は実に広いものです。男性やLGBT（→127ページ）に対する性的言動もセクハラとして扱われます。体に触れるといった性的行為だけでなく、性的なものを連想させることや言葉だけでも、セクハラになります。たとえば、会社のパソコンのデスクトップの壁紙に、水着姿の女性グラビアアイドルを表示していただけでも、セクハラとされることもあります。

知っておきたい「セクハラ」と社会の動き

会社や一般社会で、セクハラは問題となっており、労働局に持ち込まれる相談のなかの約４割以上が男女雇用機会均等法に関するセクハラ問題となっているようです。これらのトラブルのなかでも、悪質なものの場合、名誉侵害や精神的苦痛に対する慰謝料の請求の対象となり、精神的、身体的ダメージがあれば治療費などの損害賠償請求となるケースも少なくありません。また、悪質な場合は強制わいせつ罪などの犯罪になるのは当然ですが、ちょっとした発言だけでもセクハラと認定されれば、会社を解雇されたり、異動の対象となることもあります。

知っておきたい「セクハラ」と社会の動き

厚生労働省がまとめた調査（2016年）によれば、セクハラ被害を受けたことがある人は全体の28.7%。そのうちの63.4%の人が、「我慢した、特に何もしなかった」と回答しています。「会社の窓口に相談」した人は13.5%で、多くの被害者が泣き寝入りしているというのが現状です。

気をつけたい「セクハラ」対策

男女雇用機会均等法では、「事業主は、職場において性的な言動に対するその雇用労働者の対応により当該労働者がその労働条件につき不利益を受け、又は当該性的な言動により当該労働者の就業環境が害されることのないよう、当該労働者からの相談に応じ、適切に対応するために必要な体制の整備その他の雇用管理上必要な措置を講じなければならない」（男女雇用機会均等法11条）と明文化されています。

ただ、難しいのは、よく言われるように「相手がセクハラだと思えば、セクハラ」というのもまた事実。同じ言動でも、相手によって受け取り方が異なるのです。

とはいえ性的な言動や話題は避けたほうが賢明です。容姿や服装、年齢や性別、プライベートに踏み込むような発言も、もちろんNG。「可愛いね」「色っぽい」といった褒め言葉も、セクハラと受け取られます。こんなときは「清々しいね」「清潔感がある」といった言葉に置き換えるだけで、性的なニュアンスを払拭できます。

文章・報告書・企画書……とにかくダメ出し

テクハラ ～文章～

［テクスチュアル・ハラスメント］

＼イラっとくる「テクハラ」／

「こんな簡単な文章すら書けないのか。すべてやり直し」

「そんな女が書いたみたいな文章、報告書で書くな」

「1行目見ただけでわかる。却下ね」

「学校で文章書いたことない？　これ、ひどいよ」

「どうしたらこうなるかなぁ。書類100枚練習な」

「て・に・を・はって知ってる？」

詳しく知りたい「テクハラ」解説

文章や報告書、企画書など、会社では文章を書いたり報告書を提出したりする機会は多いものです。これらの文章について、文章が下手だとか、女性・男性の発想ではない、などと批判し、さらにそれらを他の人が聞こえるように言うといった嫌がらせをテクハラといいます。

もっと詳しい「テクハラ」解説

会社で扱う文章、いわゆるビジネス文書には、会社ごとに決まった方式や書き方、またはノウハウといったものがあります。新入社員のころなら、これらの文書に慣れるまで先輩や上司に添削され、直されてその会社特有の文書作成ができるようになります。ところが、どんなに形式的に書いても、文章には個性が出てしまうもの。上がってきた報告書や企画書を読み、女みたいな文章だとか、男にしか出てこない発想だ、などの批判が何度も繰り返されればハラスメントとみなされます。会社のため、社員のためと思ってのものであっても、相手からすると嫌がらせの感覚が漂うものなのです。

知っておきたい「テクハラ」事件簿

文書の批判には、上手い、下手、男らしい、女々しい、女性・男性の発想、といった批評や批判があります。これらの批判のなかでも特に、「女々しい」「女性の発想」といった批判は、度重なれば性差別です。また、男女雇用機会均等法違反になる可能性もあります。この場合、ハラスメントと認定されれば、損害賠償請求も発生します。

知っておきたい「テクハラ」と社会の動き

社内で作成する文書には、ビジネス文書の他にエクセルなどを利用した資料類もあります。このエクセルやワードを利用して作成した文書について、「遅い」「もっと関数を利用しろ」「コピペで簡単にできるだろ」などと不必要に批判すると、文書のテクハラと、パソコンなどの操作を批判するテクハラ（テクノロジー・ハラスメント→142ページ）との、ダブルテクハラになります。表面に出にくいハラスメントだけに、十分注意したいところです。

気をつけたい「テクハラ」対策

文書の批判に代表されるテクハラは、文書の全体的な印象を批判してしまいがち。こんなときは「女々しい」「女っぽい」などといった性差別につながる言葉は避けるようにしましょう。具体的にどの部分をどのように直せばいいのかを指導すると、テクハラを回避できます。

たとえば、「この部分、もう少しこんな感じに直せないかな」といった感じで、細部の訂正を指導するわけです。また、必ず複数の社員が文書に目を通し、それぞれ直しを入れるようになると、最初に書いた社員の個性などが薄まり、無機質なビジネス文書に近づきます。これならテクハラの入り込む余地もありません。

一方、テクハラを受けたと感じたら、まずはその批判の裏にある指摘を探るようにしましょう。ただ嫌がらせをしたいのか、もしくは、言葉使いが悪いだけなのか。見分けた上で、前者であるならば、ハラスメント窓口に相談しましょう。

容姿や癖を話題にしていじめる

パーハラ

[パーソナル・ハラスメント]

＼イラっとくる「パーハラ」／

「課長ってネクラだよね。話していると、何だかこっちまで気が滅入ってきちゃう」と噂する

「恋人できないでしょ。もう少し可愛い顔ならなあ」

「頭、薄いんだから、体くらいはもう少しやせなよ」

「あなたって、なんか変わってるよね」

「なんかきみ、ザンネンだよね。いろんなものが」

詳しく知りたい「パーハラ」解説

容姿や性格、癖などは、他人をけなすときの格好の標的。ついその性格を批判したり、ハゲ、デブ、ブスなどと容姿を批判しがちです。容姿や性格、癖、趣味といったものは、個人の特徴ですが、これらを標的にした嫌がらせの言動をパーハラと呼びます。

容姿や個性からあだ名をつけて呼ぶといった行為も、パーハラになります。「ちび係長」と呼んだり、天然パーマだから「チリチリ」などと、嫌がるあだ名で呼ぶことです。あだ名は親しみの裏返し、などと思っているとあだ名を付けられた社員からパーハラだと訴えられることもあります。

もっと詳しい「パーハラ」解説

パーソナル（personal）は個人、私的といった英語で、個人の特徴とは、言い換えれば個性ともいえるものです。一人ひとりの顔や体型が異なっているように、誰でも他人と区別できる特徴や個性を持っています。その個性が、たとえば頭髪や体型、あるいは性格や癖のこともあり、この部分をイジって笑ったり、だからダメなんだと批判したりすれば、イジられたり批判された側は嫌な気分になります。

中学生や高校生のいじめに、やはり個人のパーソナルな個性をイジって笑いものにするものがありますが、大人になってもこんな低レベルなハラスメントが蔓延しているのです。

知っておきたい「パーハラ」と社会の動き

容姿や体型、個性といったものは、自分ではなかなか変えられません。気にしている人も少なくないでしょう。その変えられない部分をイジったり、批判して嫌な気分にさせるのは、パーハラのなかでもパワハラに近いハラスメントです。パーハラが頻繁に行われると精神的なストレスになり、ときには傷害罪や損害賠償の対象になります。

気をつけたい「パーハラ」対策

行為者にならないためには、やはり容姿や体型、癖、性格などを冗談の気持ちでもイジるのはＮＧ。本人も気にしている部分を批判すれば、精神的なストレスにつながります。

また、褒めたつもりでも、相手にとっては嫌がらせに聞こえる場合もあります。「その存在感と、その小さい身長とのギャップがいいね」「ブルース・ウィリスみたいなスキンヘッドでかっこいい」など。

苦痛を感じており、パーハラが頻繁に行われるようなら、上司や会社の相談窓口などに訴えましょう。

話し下手を悩ます嫌がらせ

コミュハラ

［コミュニケーション・ハラスメント］

＼イラっとくる「コミュハラ」／

「ボソボソ言って、よく聞こえなーい」

「その話はいいけど、来週の打合せはどうなってる？　早く答えて。そういえば明日のプレゼンは？　早く!!」

「この時代、会話術がすべてだよ。訓練しろよ」

「何言ってるかわからないから発言権なくなるよ。ま、会議でも話せないか」

詳しく知りたい「コミュハラ」解説

コミュニケーションが上手い・下手というのは、訓練や慣れの問題もありますが、生まれつき苦手という人もいます。コミュニケーションが下手な社員に対し「何か面白いこと話してよ」「君の話は、いつもつまんないねぇ」「子どもじゃないんだからもっと自分から話しかけなさい」などと嫌みを言ったり、何か喋ろうとするとそれを遮って発言の機会を与えなかったりする嫌がらせをコミュハラといいます。

もっと詳しい「コミュハラ」解説

あがり症で、人前で話すのが苦手といった人もいます。家族や友人などとは上手くコミュニケーションが取れるのに、会社や会議、新規の取引先などでは上手く話ができない、といった人までさまざまです。そんなコミュニケーションが苦手な人に、早口で話しかけて混乱させたり、会議で「黙ってばかりで、何か提案はないのか」などと詰め寄ったりすることが度重なれば、コミュハラだと認定されることもあります。

知っておきたい「コミュハラ」と社会の動き

JTBコミュニケーションデザインが行った「コミュニケーション総合調査」(2017年) によれば、コミュニケーション全般に関し苦手と感じている人は、全体の58%にも達していました。カテゴリ別では、最も苦手と思っているのは主婦で62%。次いで会社員 (58%)、リタイア層 (56%)、大学生 (54%)。コミュニケーションが不得意だというのは、半数以上いるのです。

もっと知っておきたい「コミュハラ」と社会の動き

コミュニケーションが苦手な人も、仕事だからとがんばってコミュニケーションを取ろうとするでしょう。そんな人は、休憩時間や昼休みなどにまでコミュニケーションを強要されるのは苦痛なのです。

コミュハラが繰り返されれば、話をすることそのものが苦痛になり、出社拒否症になったり、精神的なストレスに悩まされたりします。会社が働くのに快適な環境ではなく、仕事に支障が出てくれば、コミュハラもパワハラなどと同じようにハラスメントと認定され、損害賠償が請求されることもあります。

気をつけたい「コミュハラ」対策

どんなに親しい仲でも、コミュニケーションを深めるのは難しいもの。同僚や上司、部下といった関係なら、なおさらです。コミュニケーションが上手く取れない人に、もっとがんばれとか努力が必要だ、などと責めるのは簡単ですが、それでは問題は解決しません。コミュニケーション下手な人は、ますます萎縮して上手く話せなくなってしまいます。

コミュニケーション下手な人には、事前に言いたいことを文章にしてもらうのもいいでしょう。また、人は頻繁に会うほど、互いの信頼感が増す、という研究結果もあります。「おはよう」「お疲れさま」などの短い言葉を毎日交わすだけで、コミュニケーション下手な人とも信頼関係を築くことができ、コミュニケーションが深まるようになります。

「独身は訳アリ？」独身者にハラスメント

シンハラ

[シングル・ハラスメント、独身ハラスメント]

＼**イラっとくる「シンハラ」**／

「なんで結婚しないの？　訳アリかな？」

「そんなこと言うから結婚できないんだよ〜」

「独身は気楽でいいよね。生活も余裕でしょ？」

「結婚しないと生きてる意味ないよ」

「結婚して子ども産むのが大切だよ！」

「親も、親戚も友達もみんな心配してるよ」

詳しく知りたい「シンハラ」解説

会社に限らず、また性別にかかわらず、独身者にはさまざまな言葉が投げかけられます。特に多いのが「まだ結婚しないの？」といった質問。男性でも女性でも、ある程度の年齢になると、たいていそんな質問をされます。質問した側には特に深い意味もないのでしょうが、独身者にとっては悩みのタネだったりして、この質問が苦痛だという人も少なくありません。

このように、独身者に対して結婚に関連した心ない言葉を投げかけ、相手を不快な気持ちにさせる嫌がらせをシンハラといいます。マリハラ（→60ページ）に似たハラスメントです。

もっと詳しい「シンハラ」解説

ある雑誌の調査では、独身女性の９割がこのシンハラを受けた経験がある、という結果が出ていました。それほど多いハラスメントなのです。というのも、ほとんどのケースではシンハラ行為をする側に、悪気や他意がないからです。

社内ばかりでなく、友人との会話でも、近所や親戚のおじさん、おばさんなどからも、シンハラを受けた経験があるという人は少なくないでしょう。

結婚するかしないかというのは、個人の価値観の問題です。独身は余裕があるとか、独身は気楽だとか、結婚しないと一人前じゃないなどというのも、すべて個人の価値観の問題です。

知っておきたい「シンハラ」と社会の動き

多様化がさけばれている現在、結婚に対する価値観も多様化してきており、従来の価値観とは異なる価値を見出している人も少なくありません。そんななかで執拗にシンハラを受けるのは苦痛で、またモラハラ（モラル・ハラスメント）ともいえます。モラハラはフランスやスウェーデンでは犯罪として認定されているものなのです。

もっと知っておきたい「シンハラ」と社会の動き

あるブライダル企業の調査によれば、日本人の平均初婚年齢は2018年時点で男性31.1歳、女性29.4歳。20年前と比べると3歳ほど上がっています。30歳前後の人なら結婚していなくて当たり前。自分のころの感覚で結婚年齢を考えていると、時代遅れとみなされてしまいます。

気をつけたい「シンハラ」対策

現在ではまだ、シンハラをハラスメントと思っていない人も多くいます。そんな悪気のない人の「結婚しないの？」といった言葉には「まだいい人がいないんですよ」と軽く流してしまうのがコツ。「家庭がない人は身軽で羨ましいよ」などと、遠慮のないシンハラが執拗に続くようなら、社内相談室などに相談しましょう。

現代人の価値観は多様です。シンハラにならないためには、結婚や独身に関する話題はNG。結婚観もまた、プライベートで多様なものです。「結婚しないの？」などと心配に思ったとしても声に出さないのが賢明です。

「男だから」「女だから」で傷つける

ジェンハラ

［ジェンダー・ハラスメント］

＼イラっとくる「ジェンハラ」／

「女性なんだから、スカートとかにしたら？」
「お茶出しは女子社員のおしごと」
「男なのに、パンケーキ好きとかやめろよ」
「意外と繊細なんだね。男のくせに」
「身長低くて細身だから、男か女かわからんな」
「男性社員に細かい仕事はムリムリ」

詳しく知りたい「ジェンハラ」解説

ジェンハラとは、性区別（gender）のハラスメントをいいます。男らしさや女らしさといった基準を出して、相手が嫌がる差別的な言動を浴びせたり、その基準に沿った行動を求めたり、あるいはこれらの基準をもとに相手を非難したりするハラスメントです。

もっと詳しい「ジェンハラ」解説

小さな子どもに「男の子だから泣かないの」「女の子なんだから大人しくしましょうね」などと言っていないでしょうか？　これらの言葉の裏には「男だから」「女だから」といった性差別があります。差別感情などなくとも男女の基準があり、その基準に沿った行動を相手にも求めたり、これらの基準をもとに相手を非難したりするのが、ジェンハラなのです。不必要な男女の差を人に押し付けるのがいけないのです。

知っておきたい「ジェンハラ」と社会の動き

独立行政法人労働政策研究・研修機構に寄せられた相談によると、婚姻や出産によって約７割の女性が「おばさん」「おかあさん」などと職場での呼び方を変えられた、という調査結果が出ています。もちろんこれも、ジェンハラです。ジェンハラが進めば、LGBTに対する差別意識も生じてきます。男性だから女性が好きで、女性だから恋愛対象は男性、などという旧来の価値観は、現在では通用しません。従来からの価値基準や考え方はジェンハラにつながります。

もっと知っておきたい「ジェンハラ」と社会の動き

保険ショップ『保険クリニック』の調査によれば、ハラスメントだと思わないものの上位は、1位がエアハラ、2位ブラハラ、3位ジェンハラとなっており、ジェンハラをハラスメントだと思っていない人も多いという結果でした。

そのためか、日本労働組合総連合会が行った調査では、職場の上司や先輩から受けているハラスメントのうち、ジェンハラとセクハラと答えた人が約6割もいました。ジェンハラをハラスメントと認識していないため、知らず知らずのうちに職場でジェンハラをしているのです。

最近では上司が女性だというケースも多く、部下に対し「男のくせに仕事ができない」などと口走ってしまうこともありますが、これも女性から男性に対するジェンハラで、こんなハラスメントが増加しています。

気をつけたい「ジェンハラ」対策

職場では、おばさん、おじさん、男だから、女だから……、これらの言葉をつい言ってしまいがちですから、日頃からなるべく使わないように気をつける必要もあるでしょう。会話で相手に呼びかけるときは、必ず「○○さん」と相手の名字を呼ぶようにするだけでも、ジェンハラを避けることにつながります。

相手を「ちゃん」付けで呼ぶと、これもジェンハラだと言われるため注意したほうがいいでしょう。ジェンハラを回避するのは、旧来の考え方そのものを見直す必要があり難しいものですが、相手の呼び方を変えるだけでも意外と効果があるものです。

性的少数派を貶めるハラスメント

ソジハラ

［SOGIハラスメント］

＼イラっとくる「ソジハラ」／

「今度の新人さ、キモくない？　なよなよしてて」

「ホモなんじゃないの？　そういえばこの前、なんかおまえに近づいてきたじゃん」

「そういえば彼女、女性好きなんだって。や〜ね」

「ねぇねぇ、君ってさ、銭湯行くときって、男湯？　女湯？パスポートには男性って書かれてる？」

詳しく知りたい「ソジハラ」解説

数年前から、LGBTに対する差別が大きな社会問題になっています。率先して差別をなくすべき議員でも「LGBTが増えれば区が滅ぶ」などとんでもないことを言い出す始末です。LGBTはレズビアンやゲイ、バイセクシャル、トランスジェンダーなどをひとまとめにした言葉ですが、性的志向や性自認はもっと多様です。

SOGI（ソジ）とは、Sexual Orientation（性的志向）とGender Identity（性自認）の頭文字をとった言葉です。これらの人々に対する嫌がらせは根強くあり、これをソジハラといいます。

もっと詳しい「ソジハラ」解説

セクハラの一種であり、性差別にもなります。身近にSOGIはいないと思っても、申告していないだけで、2019年のLGBT総合研究所の調査では、日本には10人に１人は性的少数者がいるという結果が出ています。

知っておきたい「ソジハラ」と社会の動き

2022年に中小企業にも義務付けられるパワハラ防止法では、社内のパワハラの防止対策を講ずるだけでなく、ソジハラに対しても企業が何らかの防止対策を講ずることが義務となっています。

もっと知っておきたい「ソジハラ」と社会の動き

もともとLGBTやSOGIというのは非常にデリケートな問題のため、ソジハラも表面化しにくいハラスメントです。嫌がらせをされている側が、なかなかソジハラだと言い出せないからです。しかし、ソジハラが単なるセクハラではなく、性差別であり、人権問題でもあることを考えれば、社内や身の周りにあるソジハラは見過ごせません。もちろん訴訟問題にも発展します。

気をつけたい「ソジハラ」対策

ソジハラをなくすには、社員研修や相談窓口を設置するのは当然ですが、もう少しきめ細かな対応も必要になってきています。たとえば、社内の健康診断を男女別に行うのではなく、一人ひとり個別に行ったり、指定医療機関を設定する、といった対応も必要になってくるでしょう。人権問題に厳しく取り組む欧米では、履歴書に性別を書く欄も設けていないようです。

デリケートな問題だけに、ソジハラを表立って問題にしにくい面もありますが、誰もが働きやすい環境を目指して協力していきたいものです。

妊活中の社員に無遠慮な言動

ニンハラ

［妊活ハラスメント］

詳しく知りたい「ニンハラ」解説

「妊活してるんだって？　昨夜もがんばったの？」こんな言葉をかけられる女性も少なくありません。妊娠に向けてさまざまな活動をすることを「妊活」といいます。この妊活を会社や公共の場などで聞こうとするなど、恥ずかしい思いや嫌な気分にさせることをニンハラといいます。

知っておきたい「ニンハラ」と社会の動き

妊活はデリケートな問題のため、妊活そのものを隠していることのほうが多いのです。また、男女雇用機会均等法では「婚姻、妊娠、出産等を理由とする不利益取扱いの禁止」が規定されていますが、妊活中の女性に対する保護は規定されていません。

気をつけたい「ニンハラ」対策

妊活中では精神的なストレスは大敵。しかもニンハラがあれば、精神的、身体的にも苦痛です。妊活中の社員から相談されたら、冒頭のように冗談にしてはいけません。むしろ、妊活に影響がないように配慮が必要です。「仕事はなるべく配慮します。安心なさい」とさりげなく言ってあげるだけで、力強い味方と感じるのです。

女性はみんなスイーツ好きという決めつけ

スイハラ

[スイーツ・ハラスメント]

詳しく知りたい「スイハラ」解説

仕事の休み時間や出張のお土産などに、甘いものは人気があります。ところが、女性がみんな、甘いもの好きとは限りません。むしろ、甘いものは苦手で、苦いコーヒーやラーメンのほうが好きという女性だっています。逆に男性でも、チョコやドーナツなどに目がないという人だっています。スイーツの好き嫌いの決めつけや無理に食べさせるといった嫌がらせなど、スイーツにまつわるハラスメントをスイハラといいます。

知っておきたい「スイハラ」と社会の動き

甘いものは砂糖が多く含まれていることが多く、持病を持つ人にとって、無理やり食べさせるスイハラは命にかかわる危険があります。

気をつけたい「スイハラ」対策

土産や差し入れで甘いものを買ってきたときは「ケーキを買ってきたから、好きな人はどんどん食べて」など、誰もが自然に選べたり、拒否できたりする配慮が必要です。ちょっとした言い方や考え方を変えるだけで、スイハラにならずにすむケースも多いのです。

子どもがいないと不幸だという偏見

子ハラ

[子なしハラスメント]

＼イラっとくる「子ハラ」／

「お子さんは、まだ？　というか考えてる？」

「どうして子どもを産まないの？　結婚した意味ないじゃない。何か問題でもあるの？」

「子どもがいない人には、親の苦労はわからないわね」

「仕事は、いつでもできるでしょ」

「この辺りで、子どもがいないのはあなたたちくらいだよ」

詳しく知りたい「子ハラ」解説

子どもが欲しくてもなかなかできない人や、夫婦で決めた将来設計であえて子どもを産まないことを選択した人など、子どもを作るか作らないかは夫婦２人の問題です。それを周りから、あれこれ詮索したり、話題にしたりなどの嫌がらせはハラスメントになります。これを子ハラといいます。

もっと詳しい「子ハラ」解説

子どもを作れなどと、誰にも強制はできません。政治家が何と言おうと、これは２人だけの極めてプライベートな問題なのです。子どもがいなかったり作らないことを選択した人に、「子はかすがいだから」などと言って、どうして子どもを産まないのか執拗に聞いたり、子どもを産まなかったら非国民だとばかりに非難する子ハラは、少子高齢化にともなってますます声高になってきています。

夫婦なら、子どもがいるほうが幸せだ、というのは偏見であり、個人の価値観です。この個人の価値観を他人に押し付けたり、偏見で批判したりするのは、明らかにハラスメントなのです。

知っておきたい「子ハラ」と社会の動き

厚生労働省が発表している「国民生活基礎調査」によれば、夫婦だけで子どもがいない世帯は全体の39.2%（2015年）になっています。この割合は年々増加しており、昔よりも現代のほうが子なし世帯が増えていることがわかります。

知っておきたい「子ハラ」と社会の動き

世界的なコンサルティング企業のPwCが発表している調査リポート『Women Index』（2018年）によれば、18歳～49歳までの女性で「将来子どもを作る予定がある」と答えた人は、日本ではわずか13％。アメリカ（44％）、オーストラリア（50％）、中国（68％）など世界では軒並み40～60％なのに対し、日本では子どもを産みたくないと考える人が多いのです。また、特にフルタイム就業者の女性ほど、子どもを作る予定がないという結果も出ています。

気をつけたい「子ハラ」対策

子どもがいないことには、さまざまな理由があります。欲しくてもできない夫婦もいます。将来に不安がある、という意見も多く耳にします。それ以外にも、夫婦２人の時間が増える、貯蓄を増やせる、子どもにかける時間を２人の楽しみに使える、お互いに仕事が生きがいで専念したい……。子どもを産まないことを選択した夫婦にとって、それは価値観の問題であり、生き方の問題でもあります。それをまずしっかり認識しましょう。そうすれば、夫婦２人の問題に口をはさむことが無粋なことだとわかるはずです。そっと見守る程度にしましょう。

子ハラを受けていると感じたら、そのような価値観の合わない人とは距離をおくのが賢明です。なかには距離をおけない人もいます。そのような人には「心配してくれてありがたいのですが、２人で話し合って決めていますので、その話はご遠慮ください」とはっきり言いましょう。

2人目の子づくりに余計に立ち入る

フタハラ

[2人目ハラスメント]

＼イラっとくる「フタハラ」／

「生まれたんだー！　おめでと。次は女の子がいいね」

「2人目は間、あけないほうがいいよ」

「一人っ子は、わがままに育ちやすいからさ。がんばってでも2人……いや、3人がいいかなぁ～」

「2人目はつくらない？　1人目で問題あったの？」

「子どもは男が生まれるまで、がんばりなさい」

詳しく知りたい「フタハラ」解説

1人目の子どもが生まれたりすると、「出産おめでとう。次のお子さんの予定は？」などと聞かれるものです。子どもができるのは、夫婦にとっては嬉しいことかもしれませんが「2人目はまだ？」などと何度も聞かれるのはプレッシャー。特に晩婚だったり子どもができにくい体質だったりすれば、こんな質問は嫌みであり、不快なものなのです。

この「2人目はまだ？」と聞いたり、「早く次の子を生みなさい」などと強要されるのは、夫婦にとっては精神的な苦痛で、フタハラと呼ばれる行為です。

もっと詳しい「フタハラ」解説

このフタハラは、パワハラの一種ともいえるものです。もちろん、夫婦の両親などにはまったく他意がなく、2人目の孫の顔を早く見たい、といった感情や期待感しかないかもしれません。

会社の上司などのフタハラはどうでしょう。特に女性社員の上司なら、仕事の予定や育休の間の仕事の割り振りなどにも気を回し、つい部下に「どんな予定なのか」と聞いてしまいがちです。

このときの「2人目はまだなの？」という言葉は、強い立場の者（上司）からの嫌がらせと受け取られかねないのです。フタハラが続くようなら、パワハラだと訴えられる可能性もあるわけです。

知っておきたい「フタハラ」と社会の動き

昔なら、夫の両親に「早く２人目を生みなさい」などとプレッシャーをかけられたりしたという話をよく聞きます。それが原因で、夫婦仲が冷えてしまったなどといった話もあるのです。子どもをつくるかどうかは、夫婦の問題。さまざまな理由で子どもをつくらないことを選択する夫婦もいます。そんな夫婦に、「早く２人目を生め」などと言うのは、強要する行為そのもので、夫婦に精神的な苦痛を与えるハラスメントです。

あるいは、自分たちも２人目が欲しいと、医者に通っている夫婦もいるでしょう。たとえ夫や妻の両親でも、妊娠のために努力している夫婦のプライベートな問題に口をはさむ権利はありません。

気をつけたい「フタハラ」対策

部下の出産の予定といった、極めてプライベートで微妙な話題は、上司として気になっても口に出すべきではありません。もちろん管理者としては、部下の産休や育休の予定を頭の片隅で考えておくことも必要でしょう。もし産休や育休になることがあれば、そのときの仕事の割り振りをどうするかを計画しておくわけです。

そして部下から２人目ができたという報告があったときにはじめて「おめでとう。産休や育休を取れるように考えるから、仕事のことは心配せずに休んでください」と素直にお祝いしてあげましょう。

女性が恋人に心理的負担を与えるハラスメント

ゼクハラ

［ゼクシャル・ハラスメント］

詳しく知りたい「ゼクハラ」解説

恋人と何年か付き合うと、女性のなかには結婚を迫る人がいます。男性のなかにはこれが嫌がらせに感じられることがあります。このように結婚を押し付けるハラスメントは、結婚情報誌『ゼクシィ』からとられ、ゼクハラといいます。たとえば、勝手に結婚式場の見学に予約を入れ、強引に連れていったり、急に同棲するための引っ越しを迫ったり、結婚式の資金準備にお金の管理を始めたりすることもあります。

気をつけたい「ゼクハラ」対策

ゼクハラと思うのなら、まず互いの結婚観についてよく話し合いましょう。結婚する気持ちがあれば、結婚する時期や子どもを作る時期なども話し合っておきたいものです。それが彼女をゼクハラ女子にしない方法です。

また、結婚する気持ちがあるなら、「結婚したい」という意思を彼女にはっきりと伝えておくことも必要です。待っていれば結婚できるという安心感があれば、女性もゼクハラ女子にならなくてすみます。互いの結婚観や人生観がわかりあえないようなら、長い人生を共に歩くことなどできません。女性も男性も、付き合いが長くなるようなら、互いの結婚観をしっかりと固めておくといいでしょう。

チェリーボーイをからかったり差別する

チェリハラ

[チェリー・ハラスメント]

詳しく知りたい「チェリハラ」解説

英語でチェリーといえば、サクランボのことですが、俗語で「童貞」「処女」の意味でも使われています。童貞に対し、からかったり馬鹿にしたり、また、差別的な発言や言動を行うのがチェリハラです。チェリハラには、触ったものを汚らしいもののように扱ったり、陰で馬鹿にしたり、気持ち悪がったりすることもあります。

もっと詳しい「チェリハラ」解説

同僚や上司が酒の席で、酔った勢いでエロ話を持ち出し、部下や同僚の経験を聞き出したりするのも、聞かれた側が嫌だと思えばセクハラになります。まして話からチェリーだとわかり「その年で珍しいな」などとからかったりすれば、セクハラでありパワハラにも該当します。

気をつけたい「チェリハラ」対策

チェリーであることは、誰かに迷惑をかけることでもなく、決して馬鹿にされたりするようなことではありません。あまりにチェリハラが酷い場合は、社内の相談窓口などに相談して対策を講じてもらうといいでしょう。上司からのチェリハラならパワハラに、異性からのチェリハラなら、セクハラとして対処できる事案です。

人種や国籍で差別

レイハラ

［レイシャル・ハラスメント］

詳しく知りたい「レイハラ」解説

外国人労働者をコンビニやファミレスなどの店で見かけることは珍しくありません。そんな時代に、「何言ってるかわからん。日本人に代われ」「不満なら国に帰れ」などと言う人がいます。外国人に対し、嫌がらせをしたり、差別発言や侮蔑することをレイハラといいます。レイシャル（人種）にまつわるハラスメントで、人種差別そのものです。

知っておきたい「レイハラ」と社会の動き

「○○人は怠け者だ」「△△人は平気でウソをつく」こんな発言が、会社のなかでも平然と話されていませんか？ 法務省の調査（2016年）では、差別的な発言を言われた経験が「よくある」「たまにある」と回答した人が30%以上もいたという結果が出ています。「職場の上司や同僚・部下・取引先」から差別的な発言を言われたという項目では38%の人が経験ありと答えているのです。

気をつけたい「レイハラ」対策

人種や生まれた国は、個人の性格や特徴の基準にはなりません。外国人が同僚になったら、同じ会社の仲間、一緒に働く同僚という意識を持ち、互いに吸収しあいながら働きたいものです。

「知らなかった」ではすまされない理由

ハラスメントは意図的か無自覚かという線引きが難しい点があります。一般的な裁判では、故意か意図的ではないか、といった点が争点になります。無自覚にしたことは、悪質ではないから責任が軽くなる、といった傾向があります。

しかし、ハラスメントでは、「意図的な嫌がらせやいじめは悪質で、無自覚や無意識で犯してしまったハラスメントは悪質ではない」——とはなりません！

「知りませんでした」でも責任を問われるのです。気づかないことに責任があり、上司は部下に対して「何を言ったら苦痛に感じるか」に配慮する責任があるのです。

これは交通規則でいう道路標識と似たようなものです。「道路標識を知らなかった」と言っても違反。「見落としたから責任がない」とはならず、そもそも見落としてはいけないのです。一方、木に隠れて速度規制の標識が見えないのに、スピード違反だと言われてしまい、無罪となる可能性はあります。

同じように、ハラスメントは受けている側が声を上げないと見逃されることもあります。だからこそ、被害者が声を上げ、ハラスメントだと相手に伝えることも重要なのです。伝えられた相手はもう無自覚ではありませんから、同じようなことが続けばハラスメントだと認められることになります。

ハラスメントが認められれば、会社では戒告《かいこく》、譴責《けんせき》、減給、出勤停止、降格、諭旨解雇、懲戒解雇など社の懲戒規定に当てはめて処分が行われることになります。

4
章

悪気はなくとも、取り返しがつかなくなります

～「ネット」のハラスメント～

ITスキル以上に大切なこともある

テクハラ～ITスキル～

[テクノロジー・ハラスメント]

＼イラっとくる「テクハラ」／

「えっ！　そんなこともできないんですかぁ？」

「先輩は自分で考えてやってくださいよ」

「キミは本当に機械オンチだなあ」

「そんなのググッてくださいよ」

詳しく知りたい「テクハラ」解説

パソコンやスマートフォンは、生活はもちろん、仕事にも不可欠な物になっていますが、年配の社員のなかには、パソコンなど必要なかった時代にバリバリ仕事をしていた人も少なくありません。実績と経験がありながら、パソコンの操作や、新しく導入された機械やシステムに不慣れなだけで、慣れている社員が嘲笑したり、心ない言葉を発してしまうこともあります。このように、ITスキルが低い者に対して行う嫌がらせをテクハラといいます。

知っておきたい「テクハラ」と社会の動き

パソコンの操作などでわからないことを聞くのは問題ありませんが、何度も聞いていては相手の仕事の邪魔になります。最近では「エクセルおじさん」という言葉もあるように、エクセルの操作を何度教えても覚えようとしなかったり、作成した表に入っている関数を勝手に書き換えたり、ファイルを削除してしまったりする人もいます。これでは部下の士気も低下するというもの。テクハラだと騒ぐ前に、最低限の操作をマスターする努力も必要です。

気をつけたい「テクハラ」対策

テクハラは、テクハラそのものが問題になるわけではありません。「そんなことも知らないんですか？」と言われても、その場で教えてもらって知識や技術が身についていけばいいわけです。問題なのは、それらの非難や批判を頻繁に行ったり、強く言ってパワハラまがいになり、相手が萎縮してストレスとなり、それが原因で心身に異常をきたし、健康を損なうことにつながる点です。

これらのストレスが原因で健康を損ない、出社できなくなったりして、裁判でハラスメントが認定されれば、損害賠償や労災認定の対象にもなります。そのためこれらのテクハラも、早いうちに対策する必要があります。パソコン操作などが未熟な社員がいるようなら、年に何回か研修を行ったり、パソコン教室の授業料を補助するといった対策も必要です。

ITスキルには、それまでの経験や要領の良さ、年齢なども関係してきます。年配でITに不慣れな人はITスキルを持つ人に敬意を持ちつつ、自身が学ぶ姿勢を持つことが必要なのです。

SNS時代の新しいハラスメント

ソーハラ

［ソーシャル・ネットワーキング・サービス・ハラスメント］

＼イラっとくる「ソーハラ」／

「友達申請しておいたから、承認しておいて」

「SNSに写真を掲載したから、『いいね』を押してね」

「Instagramに投稿したんだからコメント書かないと」

「会社の外では、結構派手な服装してるんだね」

「Facebookに写真あったけど、箱根行ったの？　隣にいた人もしかして彼氏とか？　あんな人が好みなんだー」

詳しく知りたい「ソーハラ」解説

SNSというのは、TwitterやFacebook、Instagramといったインターネット上で、互いに投稿を見たりコメントをつけたりするコミュニティ型の会員制サービスのことです。プライベートで利用しているSNSに、上司から友達申請が届いて無理やり承認させられ、上司が投稿した写真や記事に「いいね」やコメントを付けるよう強要されたり、他にも自分が投稿したプライベートな内容にあれこれ言われたり、話題にされたりする。このようにSNSにまつわるハラスメントをソーハラといいます。

もっと詳しい「ソーハラ」解説

プライベートで利用しているSNSに、上司から友達申請が届くと無下に断れないために承認しがちです。上司が、部下の投稿をいちいちチェックし、「昨夜は外食だったんだね」「『疲れた～』ってコメント、あれ、オレのせい？」などとプライベートまで監視され、ときにはストーカーまがいの行為に及んだりするケースもあります。部下にとっては仲間内で楽しんでいたSNSが、仕事関係の上司に見られていると意識すると自由にできなくなるため、ソーハラだと感じます。

しかし、最近ではSNSの投稿ひとつで会社の経営が傾くため、上司は管理の必要があると感じています。SNSに「この会社、実はブラック」「うちの○○上司がさ～」などと投稿したら、思わぬ風評被害が広がりかねません。上司の監督不行き届きとなりかねないのです。

知っておきたい「ソーハラ」と社会の動き

ヨムーノ「インターネットによるアンケート調査」(2018年）によれば、全体の43%の人がSNSで職場の人とつながっていると答えています。特にLINEが多く、Twitterでは、全体の1割ほどという結果が出ています。また、SNSでは職場の人とつながりたくないと考える人は、全体の63.6%。特に上司や役員とつながりたくないと答えた人は、全体の73.4%にものぼっています。これらのSNS利用者のうち、17.6%がソーハラの経験があると答えています。

気をつけたい「ソーハラ」対策

会社や実社会とSNSとでは、構築されている人間関係も異なってきます。SNSには学生時代の友人がいたり、家族や友達がいたり、または実際に会ったことのない他人がいたりしますが､それは会社の人間関係とはまったく異なるものです。SNSを使う部下にとって、上司が覗き見るような行為は、仲間内の団欒《だんらん》のなかに土足で踏み込んでくるのと同じようなものです。気になったとしてもまず見ないようにしましょう。また、たまたま見つけたとしても見て見ぬふりをするのが賢明です。

また、会社の同僚や上司にSNSを見られたくない場合は、まず､身元が知られない名前のアカウントに設定したり､「友達」申請されていない人には投稿を見ることができない設定にしておきましょう。もちろん、誤っても会社であったことや機密情報などをSNSに投稿してはいけません。

ネットは、匿名者からくる言葉の暴力の温床

オンハラ

[オンライン・ハラスメント]

＼イラっとくる「オンハラ」／

「住所をつきとめた。東京都新宿区〇〇町〇〇…だろ。昨日、帰ってきた時間は19時△△分だよな」

「しゃしゃり出るなブス」

「お前の意見は聞いていない」

「枕営業とかしてんだろ」

「投稿画像を処理して服を透けさせました。送ります」

詳しく知りたい「オンハラ」解説

インターネットは流行を調べたり、マーケティングに利用したり、あるいはSNSで友人と連絡を取り合ったりと、便利です。しかし、その半面、いじめやハラスメントの温床になりやすいのも事実です。

Twitterやブログなどで、政治や経済に対する自分の意見や感想を掲載したら、「お前の意見なんかいらないよ」などという罵詈雑言のコメントがきたことはないでしょうか？匿名のユーザーが多いオンライン上では、だれかれ構わずに批判や心ない言葉を投げつける人がいます。オンライン、つまりインターネット上で、見知らぬ第三者から受ける嫌がらせをオンハラといいます。

もっと詳しい「オンハラ」解説

何らかのやり取りがあり、それが高じてハラスメントになることもありますが、多くの場合は会ったこともない相手に突然、激しい言葉や、性的な言葉を浴びせかけられたり、差別用語を投げつけられたりします。

米国のPew Research Centerという調査会社が発表した調査（2014年）では、18歳以上の成人の73％がオンハラを受けた経験がある、という結果が出ています。「侮辱的な名前で呼ばれた」（27％）「いじめや辱めなど、わざと困らせられるようなことをされた」（22％）など。若い女性は4人に1人がストーカー被害やセクハラを体験しているのです。

知っておきたい「オンハラ」と社会の動き

Twitterやブログなどのように、匿名だから身元がわからないとばかりに、差別したり激しい批判の言葉を投げつけたりする事例がいくつもあります。しかし、違法な書き込みなどで名誉毀損や誹謗中傷を受けた場合、「プロバイダ責任制限法」に基づき、書き込んだ人の情報開示を請求することができます。これによって、発信者が匿名で利用していても、住所や氏名、電話番号などの情報の開示を求め、身元を割り出すことも可能です。匿名でもオンハラをすれば、損害賠償を請求される場合もあります。

気をつけたい「オンハラ」対策

ネット上でオンハラを受けたと感じたら、相手が見知らぬ第三者なら相手にせず、無視するのが賢明です。もし執拗に絡んでくるようなら、相手をブロック（特定のアカウントの投稿内容を非表示にする機能）したり、サービス提供先にハラスメントを通報してアカウントを停止してもらうなど、冷静な対策を取りましょう。

逆に、自分がオンハラをしないためには、表示したメッセージなどに反射的に反応するのは危険です。反論や意見があっても、イラ立つ感情に任せて書いたり、投稿したりしないようにしましょう。オンラインと言えども、投稿を見るのは人間。実際に面と向かって言うことができないような内容は、オンライン上にも書かないように気をつけましょう。

無断アップロード、それ違法です

フォトハラ

[フォト・ハラスメント]

\イラっとくる「フォトハラ」/

「仕事休んで来た音楽ライブで撮った写真、あいつ、勝手にSNSにアップロードしてる……」

「えっ!?　友達が『○○ちゃんの家にこれから行きます』って写真投稿しているけど、私の住所バレバレじゃん!!」

「昔撮った変顔、私のところだけにしてInstagramにあげてるし……」

? 詳しく知りたい「フォトハラ」解説

最近のスマートフォンは、カメラ機能がどんどん進化しています。インスタグラムに代表されるSNSにも、インスタ映えした写真が無数に並んでいます。そんな友人のSNSに、自分が写っている写真が知らないうちにアップロード（投稿）されていたとしたらどうでしょう。SNSという世界につながる空間で、いくら友人や知人とはいえ、プライベートの写真を無断で知らない人にまで見られたくないものです。

プライバシーを侵害されたり、ときには犯罪に巻き込まれることだってあります。このように、自分が写っている写真を無断でSNSやブログなど、インターネットにアップロードする行為は、フォトハラと呼ばれ、ここ数年で大きな問題にもなってきています。

知っておきたい「フォトハラ」と社会の動き

経産省の外郭団体である情報処理推進機構（IPA）の調査（2018年）によれば、「友人と一緒に写った写真を勝手にブログに貼り付けて公開する」行為に問題があると認識しているユーザーは、全体の約54％に達していました。

また、総務省が発行する2020年版「インターネットトラブル事例集」でも、この写真投稿に言及されており、友人が写っている写真を勝手に投稿するのは「つきまとい」などの危険にさらすことになりかねない、と注意が促されています。

知っておきたい「フォトハラ」事件簿

友人と気軽に撮った写真も、それがインターネットにアップロードされれば、なかには苦痛を感じる人だっています。逆にその写真を、ストーカーやつきまとい、あるいは誘拐などの犯罪に悪用しようとする人だっています。

写真に写っている人に無断でアップロードすれば、法律的には肖像権、プライバシー権の侵害にもなります。

特に子どもの写真は、写っている周囲の風景などから場所を特定し、誘拐につながることもあります。実際、写真を拡大し、瞳に写り込んでいる風景から場所を特定した、といったストーカー被害もありました。

気をつけたい「フォトハラ」対策

一度インターネットにアップロードされた写真は、消すのに膨大な手間がかかり、デジタルタトゥー（電子的入墨）とも言われるように、永遠に消えることはないとまで言われています。フォトハラを回避するためには、友人がスマホなどで気軽に撮影した写真も、「それアップロードしないでね」と必ず念を押しておくこと。また、自撮りなどで撮った写真に、自分以外の人が写っていないか必ず確認する癖をつけておきましょう。

LINEのやり取りを強要する嫌がらせ

LINEハラ

[LINEハラスメント]

＼イラっとくる「LINEハラ」／

「LINE送っただけど、いつまでたっても既読にならんなあ。ちゃんと返事を返せよ」

「既読スルーしていて、よく平気な顔していられるな」

「深夜だけどLINE送っておいた。スマホをマナーモードとかにしてあるでしょ？　だから、大丈夫かと思って」

「スタンプで返事をするな！」

詳しく知りたい「LINE ハラ」解説

LINEは、ユーザー同士がメッセージやスタンプなどをやり取りする機能と、特定のユーザーだけが参加できるグループLINEなど、さまざまな機能があります。これらのメッセージや機能を利用し、他のユーザーに嫌がらせ行為をするのが、LINEハラです。

知っておきたい「LINE ハラ」と社会の動き

日本国内だけでも、LINEのユーザー数は8,400万人(2020年3月調べ)にもなります。日本の人口の実に68%が利用するアプリです。小さな子ども、それにスマホを持たない高齢者などを除けば、ほとんどの日本人が毎日LINEを使っていると思って間違いありません。

普及していることや、便利な機能のため、仕事にLINEを使っている人も少なくありません。遅刻や休みの理由をLINEで送るのは、ありかなしか、などといった議論が頻繁に行われるほど、LINEが仕事や生活に浸透しています。

このLINEで、特定の相手を誹謗中傷したり、グループLINEで特定の相手を無視したり、さらに相手をグループから仲間外れにしたりと、LINEを使った嫌がらせも増えています。上司からLINEの返信が遅いと、叱責されたことのある人もいるでしょう。仕事や生活に浸透してきたLINEだけに、ここでもハラスメントが発生しているのです。

気をつけたい「LINE ハラ」対策

LINEの連絡方法はチャット形式で、メッセージそのものが短くなりがち。気軽な連絡手段であるがゆえに、プライベートなことを書いたり、軽い気持ちで冗談を書いてしまいがち。この点が、LINEハラスメントが頻発する要因にもなるのでしょう。また、LINEの使い方には明確なマナーがなく、使用する人それぞれが使い方を決めているのが実情です。たとえば、深夜や早朝などの時間にメッセージを送っていいかどうか、休み時間や就業時間外はLINEの返信の必要なしか、など、仕事で使用する際には、そのあたりのルールをお互いに共有し合ってから始めましょう。

もっと気をつけたい「LINE ハラ」対策

LINEハラスメントが頻発し、長く続くようなら、いじめやパワハラにつながっていきます。特に、LINEの返信を上司が強要するとハラスメントです。また、部下に対し、精神的に追い詰めるようにメッセージをいくつも送ったりすれば､部下は精神的な嫌がらせを受けていると感じるものです。これがLINEでのパワハラです。

仕事では基本的にLINEを使わない、使うときも個人的に使うのではなく、部や課などの全員を交えたグループLINEにすることで、他者の目を気にしたやり取りにすることができます。

電子機器を使い相手を危険にさらす

エレハラ

[エレクトロニック・ハラスメント]

＼イラっとくる「エレハラ」／

「もしもし？　補聴器つけての電話、大変ですか？　パニックになるのウケます。また電話しますよ」

「プレゼン用のレーザーポインターで照らしてやれ！」

「ペースメーカーを付けている人の近くで電子機器使ったら、ほんとによくない？　試してみても？」

「これ盗聴器じゃない？　いつからあったの？」

？詳しく知りたい「エレハラ」解説

コンビニやスーパーの出入り口で、モスキート音と呼ばれる高周波が流されていることがあります。蚊の羽音のようなキーンという高周波音で、20代前半を過ぎた人を中心にほとんど聞き取れない音です。若者たちはモスキート音が聞こえてくると不快になるため、コンビニやスーパーの出入り口にたむろしなくなる効果があると考えられています。

このように電子機器は、いまや仕事や生活のさまざまな分野に活用されていますが、このような手法を悪用し、他人を不快にさせる行為はエレハラ（electronic harassment）と呼ばれています。

知っておきたい「エレハラ」と社会の動き

電子機器を使い、嫌がらせのために意図的に相手に危害を加えるエレハラの事件例は多くありませんが、サッカーの国際試合では、観客席からレーザーポインターで選手にレーザーを浴びせ、プレーを妨害する悪質なファンを見かけたりします。もちろん、サッカーの応援では禁止されている行為ですが、エレハラはレーザーを当てたり、あるいは盗聴や有害電波を流し、直接・間接を問わず相手の身体に危害を加える行為です。また、相手の部屋に小型の盗聴器を仕掛け、室内での会話や生活音を盗聴するといった行為も、驚くほどたくさんあるようです。これらの電子機器が、一般でも手軽に入手できるようになった今、今後ますます増加すると思われます。

もっと知っておきたい「エレハラ」と社会の動き

スマホのなかには、GPS機能を利用して居場所を特定するようなアプリがあり、恋人や知人のスマホにひそかにインストールしておく、といった嫌がらせもあります。これはハラスメントを通り越して犯罪行為です。

気をつけたい「エレハラ」対策

電子機器で相手に、身体的に、また精神的に危害を加える行為がエレハラですから、ケースによっては単なるハラスメントとしてではなく、犯罪として扱われることも少なくありません。ただ、電子機器を利用した嫌がらせのため、目に見えず、証拠もつかみにくく、なかなか事件化されないもの。たとえ家のなかで盗聴器が見つかっても、それを誰が仕掛けたのか証拠を探すのが難しかったり、超音波やレーザー光の発信元を特定するのに時間がかかったりと、個人で対処するのにも限界があります。

特定の相手にレーザー光を当てられたり、会話の中身から明らかに盗聴していると思われるなど、エレハラではないかと感じたら、まず警察に相談するのが無難です。エレハラの多くはハラスメントというより犯罪です。

身体的な危害にもつながりますから、早めに手を打っておきたいもの。証拠をつかんでから、などと思わず、その証拠を探すことも含めて、大事になる前に警察に相談するのがベストな対処法です。

オンライン会議でセクハラまがい

リモハラ

[リモート・ハラスメント、テレワーク・ハラスメント]

＼イラっとくる「リモハラ」／

「今日のビデオ映りはなかなかいいねぇ。化粧かな？」

「花柄のカーテンなんだ」

「新人のくせに、いい部屋に住んでるじゃないか」

「そこに飾ってある写真が、恋人なのかな？」

「掃除してないでしょ。ゴミが散らかってるよ」

詳しく知りたい「リモハラ」解説

コロナ禍が大きなきっかけで、出勤する代わりに自宅でリモートワークやウェブ会議を行っている企業も多くなってきました。Zoomなどを使ったオンラインでのビデオ会議で部下のプライベートな部屋や生活を執拗に覗き見たり、聞きこんだり、余計な感想を無遠慮に言う人も少なくありません。これが新しいハラスメント、リモハラです。テレハラ（テレワーク・ハラスメント）などとも呼ばれています。

もっと詳しい「リモハラ」解説

リモハラの多くは、たとえば「そんないい部屋に住んでいるなら今度、遊びに行っちゃおうかな？」などと、男性の上司や同僚から､女性社員に対するセクハラまがいの発言です。また、上司が部下に対し「なんで、オレよりいいソファに腰かけて会議しているんだ。替えなさい」などとパワハラ的な発言をしたり、モラハラなどの不快な気分にさせる発言をすることも少なくありません。

オフィスで開いていた会議を、オンラインに置き換えてリモートで行うようになり、自宅に居るような気分でつい軽口をたたいてしまう、といった失敗も多いでしょう。

知っておきたい「リモハラ」と社会の動き

東京都の調査によれば、2020年6月末でテレワークを導入していた企業は57.8%と、前年に比べ2.3倍に上昇していました。

もっと知っておきたい「リモハラ」と社会の動き

ダイヤモンド・コンサルティングオフィス合同会社の調査によれば、リモートワーク中に上司とのコミュニケーションで、ストレスを受けたことがあると答えた人は、「何度もある」（41.8%）、「ある」（37.2%）と半数近くにものぼっていました。

それらのストレスとなった言動は、「オンラインでのプライベートに関する内容の質問」（40%）が最も多く、次いで「通信環境や回線速度など業務環境についての指摘」（30%）、「リモートでの会議の場でのあたりの強い言動」（23.6%）と続いています。なかには「参加したくないリモート飲み会への勧誘」（21.8%）といった回答もあり、リモハラがかなりの頻度で発生していることがわかります。

気をつけたい「リモハラ」対策

リモート会議といっても、これは立派な仕事。オフィスにいるとき以上に、ビデオに映る目の前のプライベートなことに口を出さず、見て見ぬふりをすることも大切です。

リモート会議用のアプリでは、自分が映っているビデオの背景を変更できるものもあります。プライベートな空間がなるべく映り込まないように工夫すれば、リモハラの防止に役立つため、会社のルールとして決めておくのもいいでしょう。

もし、被害に遭っていたら、リモート会議のアプリには、録画や録音ができる機能もあるので有効に使いましょう。これらの機能で、リモハラの立証も簡単にできます。

録音していないか執拗に疑う

テプハラ

［テープ・ハラスメント］

詳しく知りたい「テプハラ」解説

芸人の闇営業問題の謝罪会見で、にわかに脚光を浴びたのが、「お前らテープ回してないやろな」という発言でした。この事件で生まれたのがテプハラです。発言をテープレコーダーなどで隠し録りし、後々の証拠にしたりします。それを防ぐために「録音するな！」と威嚇したり強要したりする行為をテプハラといいます。

もっと詳しい「テプハラ」解説

ハラスメントでは言った・言わないなどの水掛け論になりがちですが、テープやICレコーダーなどに録音しておけば、ハラスメントがあったかどうかの証拠に利用できます。それを事前に防いでしまおうというのが、テプハラなのです。

気をつけたい「テプハラ」対策

「テープ回していないだろうな」というのは違法にはなりませんが、立場の強い者が弱い者に対する威嚇になり、パワハラにつながる可能性があります。しかし、「録音するな」という前に、録音されて困るような言動を行うことのほうが大きな問題なのです。録音される可能性があると、いつも自覚していれば、パワハラやテプハラになるのを回避できるでしょう。

ハラスメントの減らし方

「パワハラ防止法」（改正労働施策総合推進法）が2020年６月１日に施行（中小企業は2022年４月１日）され、企業にはパワハラ防止対策が義務化されました。このなかには、社内に相談窓口を作ることも含まれています。

ただ、残念ながら社内の人間でここに相談に行く人は少ないでしょう。相談内容が筒抜けになっていないか、セカハラ(→68ページ）が起きないかと、怖くて相談できないのです。

そんなときは厚労省が労働相談窓口を開いていますから、ここに相談するのもひとつの方法です。相談窓口では、被害者から話を聞き、アドバイスをしてくれます。あまりに酷いケースでは、厚労省から会社に通達が届くことにもなっています。ただし、これは会社にとってなかなかインパクトが大きいため、会社から社員に「どうしてそんなところに相談した」と詰問されることも予想され、相談しにくいのも実情です。

理想的なのは、会社の窓口に第三者的な立場のプロや専門家がいることです。外部のカウンセラーと契約してもいいでしょう。相談しやすい窓口を設けるのです。

または、日頃から部下とコミュニケーションを深めていれば、管理職でも相談しやすいので、そんな職場ではパワハラなどといった問題も起きないでしょう。

管理職、あるいは役員、社長といった上に立つ立場の者が、社員にいつでも何でも相談しやすい環境を整えておくことが、ハラスメントを根本的に解決する方法なのです。

5章

あれも、これも、実はやってはいけない

～「日常生活」のハラスメント～

血液型でレッテル貼り

ブラハラ

[ブラッドタイプ・ハラスメント]

＼イラっとする「ブラハラ」／

「A型？　たしかに几帳面っぽい。典型的な日本人だなあ」

「O型っておおざっぱですよね。部長がO型なら、部下の人も苦労するでしょう」

「B型の私はチームワークが必要な仕事から除外される!?」

「えっ、AB型？　AB型って変人だって言うじゃないですか。旦那さんがAB型だなんて、苦労が多いでしょう？」

詳しく知りたい「ブラハラ」解説

日本人は、何かと血液型占いが好きです。ABO方式なら4つの型しかなく、そんなの当たらないと思っても、特徴を言われればたいてい心当たりがあるもの。特定の血液型の人は、どんな性格や傾向を持っているか、といった本がたくさん出ています。この血液型によって、占いを掲載している雑誌もあり、さらにネットを検索すれば、かなり詳しい血液型の傾向まで載っていたりします。この血液型（blood type）の与える印象で、その人の人格や性格を決めつけるような言動や嫌がらせ行為をブラハラといいます。

そもそも血液型というのは、赤血球の表面にある抗原によって決まります。人間だけでなく、他の動物や植物にも血液型があります。「几帳面なねずみ」とか「親分気質のサボテン」が当たっているとは思えません。

知っておきたい「ブラハラ」と社会の動き

科学的根拠の乏しい血液型で、他人の性格や人格を決めつけるのは問題です。かつてテレビ番組で血液型占いがブームになったとき、BPO（放送倫理・番組向上機構）が放送基準「第8章 表現上の配慮」54条に抵触する恐れがあると判断し、血液型による分類がいじめや差別、職場での部署の異動などに発展する可能性があると警告しています。

もっと知っておきたい「ブラハラ」と社会の動き

タイマーズ社の調査によれば、約40%の人がブラハラをされた経験があると回答していますが、一方で約85%の人が「血液型による性格分類は当たっている」と考えているという結果も出ています。

しかも「結婚するなら○型がいい」といった考えを持っている男女が約40%にも達しており、約30%の女性は、結婚前に相手の血液型を調べると答えています。こんな状況では、まだブラハラは終わりそうにもありません。

気をつけたい「ブラハラ」対策

血液型の分類で、特に標的にされがちなのがB型とAB型です。この手の分類では、B型はわがままで嫌なことははっきり嫌と主張するとされ、AB型は気まぐれで、ちょっと変人などとされています。

友人同士でこんな性格を比較して、笑い話として話しているうちはいいのですが、悪い性格として指摘したり、はやし立てるのは、やはり嫌がらせです。まして、仕事の人事で血液型での性格分類を根拠にするなど、もってのほかです。根拠のない血液型での決めつけは明らかにブラハラです。もしブラハラに遭いそうになったら「そんなことで性格を決めつけて楽しむ人は、何型だろうね」と言ってやりたいところです。それか、フッと一笑にふして無視するのがいいでしょう。

掃除、洗濯、料理……、家事のハラスメント

カジハラ

［家事ハラスメント］

＼イラっとくる「カジハラ」／

「何度言ったらわかるの！　洗ったお皿は元の場所に戻しておいてよ。子どもでもできるよ。もう、私がやる！」

「洗濯物を取り込んだからっていばっていないですぐに畳んで！　しわになるから」

「掃除すらまともにできないの？　何にもできないのね。だから、仕事でも昇進しないのよ」

詳しく知りたい「カジハラ」解説

いまや女性が社会に出て働くのはごく一般的なこと。夫婦でも共働きが普通です。その分、家では夫も家事を分担するのはもはや常識。ある調査では、夫が家事参加率は９割を超えているという結果さえ出ています。夫の慣れない家事で妻に叱責された、などという話もたくさん耳にします。雨が降りそうだからと、慌てて帰宅して洗濯物を取り込んでおいたのに、畳んでないと文句を言われ、畳めば畳んだで、やり方が違うと文句を言われ、「ありがとう」のひと言もない……。これカジハラです。

もっと詳しい「カジハラ」解説

家庭内で、家事を行う夫のやる気を失わせるような妻の言葉は、家事ハラスメントとして広く認知され始めています。家庭内で何もしない父親を見て育った男子は、令和になっても家事が苦手です。そんな夫の家事の不手際に対し、妻のダメ出しは、まさにハラスメント。せっかく家事を分担しているのに、これではやる気も失せてしまいます。カジハラが高じると、「だからあなたはダメなんだ」などと言うようになり、これはモラハラ（→88ページ）につながります。

知っておきたい「カジハラ」と社会の動き

保険ショップ「保険クリニック」の調査（2016年）によれば、経験したことのあるハラスメントの1位がパワハラ。以下セクハラと続き、カジハラは4位で被害者の多いハラスメントとなっています。

もっと知っておきたい「カジハラ」と社会の動き

旭化成ホームズ社の「共働き家族研究所」が、2014年に「妻のカジハラ白書」を出しています。この白書のなかで、カジハラとは「家事を行う夫のやる気を失わせる妻からの言葉」と定義しています。この言葉が一般にも認知されるようになり、カジハラの定義は少し変化しました。現在ではカジハラは、「家事労働を担う人を蔑視したり無視したり、あるいは排除していく社会システムによる嫌がらせ」と定義されています。

共働き夫婦にとって、家事は日常生活のなかの面倒な労働です。この労働を価値のないものと過小評価することが、カジハラの根本的な問題となっているのです。

気をつけたい「カジハラ」対策

カジハラを防ぐには、夫が家事を“手伝っている”という意識そのものを変え、夫婦で家事を「分担している」と意識変革する必要があります。手伝っていると思っているから、文句を言われたときにハラスメントだと感じるのです。もちろん、妻も家事を夫と分担している、と意識改革する必要があります。

夫も妻も、たまには「いつもありがとう」と互いに労いの言葉をかけ合えば、カジハラも防げるでしょう。ダメ出しをするより、多少のアラが見えても「上手だね」と褒めることのほうが、カジハラの防止に役立つのです。

空気を読まない嫌がらせ

エアハラ

[エアー・ハラスメント]

＼イラっとくる「エアハラ」／

「えぇ〜、なんか古いお店ですね。もっとおしゃれな店にしてくださいよ〜」

「日本酒しかないんですか。わたしワインがいいなあ。みんなで他行きません？」

「みんな仕事大変そうだね。がんばってもがんばらなくても、どうせ明日はくるし、地球は丸いんだから。のんびりしよっ」

? 詳しく知りたい「エアハラ」解説

空調に関する嫌がらせに、エアハラ（→91ページ）がありますが、こちらのエアハラは、空気を読まないハラスメントのこと。

日本人は空気を読み、周りの雰囲気に合わせて状況にふさわしい言動をとる、と海外でも評価されています。それは同時に同調圧力が高まるという危険性もありますが、場の空気を乱したくないという気持ちが強いのでしょう。

逆に、空気を読まずに自分勝手な言動をとる人は、ＫＹ（空気を読めない）と称して注意されたりします。意図的に周りの空気を無視した言動を行い、周囲の人を不快にさせるハラスメントが、エアハラです。

? もっと詳しい「エアハラ」解説

忘年会の会場をやっと見つけ、課員全員が集まったのに、店に入るなり幹事を前にいきなりの文句。これでは苦労して店を予約した幹事を、不快な気持ちにさせてしまいます。わがままといってしまえばそれまでですが、緊張した席でも空気を読みません。朝礼で部長が挨拶しているとき、「あっ、すみません。私、今日は忙しいんで失礼します」などと勝手に挨拶して部屋から出てしまったり、会議が始まっているのに、後輩の不手際を大声で叱責したり、これらの行為をわざとやっていたとすれば、空気を読まない嫌がらせ――エアハラだといえます。

知っておきたい「エアハラ」と社会の動き

空気を読まないことがすべてエアハラだというわけではありません。場合によっては、空気を読まない・読めない性格の前に、このような言動を頻繁に繰り返すようなら、大人の発達障害のケースもあります。

どんな言動がエアハラかは、ケース・バイ・ケースで判断が難しいところです。また、エアハラだからといって、それが違法行為になることはほとんどありません。そのため、どう対処すればいいのか悩ましいのがエアハラの最大の問題点です。

気をつけたい「エアハラ」対策

エアハラが頻繁に行われるようなら、それが嫌がらせとしてのエアハラなのか、性格的なものなのか、単なるＫＹなのかといった点を見極める必要があります。不要な発言をして、嫌がらせをしようと思っているエアハラ気質の人は、実際には空気が読める人です。どんな場面でどのような発言をすれば、相手にダメージを与えて嫌がらせになるか、わかっているからです。

しかし、いずれにしても場の雰囲気を一瞬にして壊してしまいますから、あとからそれとなく注意したり、それでも直さないようなら、会社の相談窓口などに相談し、対策を取ってもらうといいでしょう。

エアハラをする人のなかには病気のケースもあります。そのため、頭ごなしに叱責などせず、慎重な対応も必要です。

勝手な恋愛観を押し付ける

ラブハラ

［ラブ・ハラスメント］

＼イラっとくる「ラブハラ」／

「えっ！　彼女いない歴＝年齢？　誰か紹介しようか？」

「遠距離なんて、付き合ってるうちに入らないわよ」

「恋人がいない!?　人生の９割損してるよ！」

「年下が好み？　あんたさぁ。だからダメなんだよ」

「気になる人だって課長に言っちゃダメだった？」

「その彼氏やめな。すぐに別れたほうがいいよ」

ⓘ 詳しく知りたい「ラブハラ」解説

女性向けの雑誌に恋愛の話題が多いように、女性同士の会話では恋愛の話、恋バナの話題が多い傾向があります。もちろん、男性も、彼女自慢や恋愛話があります。

また、若い人ほど、恋愛に対する関心も高く、親しい友人なら恋愛に関する悩みなどを打ち明けたり、アドバイスをもらったりすることも少なくありません。しかし、恋愛や彼女・彼氏を批判したり、余計な恋愛指導したりなど、恋愛観を人に押し付けるとハラスメントになります。恋愛関係のハラスメントをラブハラといいます。

もっと詳しい「ラブハラ」解説

ラブハラって恋バナ禁止ってこと？　もちろん、そんなことはありません。ラブハラとは、恋愛やセックスに関して、相手が嫌がっているのに執拗に話題にしたり、相手の行動や考え方に干渉したりすることで、それが、相手が不快に感じるようならラブハラになる可能性が高いということ。実はラブハラのなかには、自分の価値観を押し付けるモラハラや、上司などの立場が強い人から恋愛観を押し付けるパワハラ、相手が嫌がっているのに性的な話題をするセクハラなど、いくつものハラスメントが内包されているのです。

また、友人同士でひそかに恋バナをしていても、相手が誰なのか、どんな恋愛をしているのか、といったことが友人以外にも広まることがあります。これもラブハラで、恋愛や異性に関する話を不特定多数に無断で公開するような行為はハラスメントそのものなのです。

知っておきたい「ラブハラ」と社会の動き

恋愛に関する話題は、とてもセンシティブなものがあります。また、人はそれぞれ事情が異なります。性的志向が異なっていたり、不倫だったり、恋愛に臆病だったり、それらの行動や考えについて、勝手な価値観を押し付けられたり、暴露されたりするのは不快であるばかりか、精神的苦痛をともないます。

そんな環境の職場にいれば、ラブハラはハラスメントにとどまらず、ストレスとなり、うつ病などの健康被害につながる可能性があります。会社はこうしたことのないような職場環境を、社員にとって快適なものに改善する義務があります。

気をつけたい「ラブハラ」対策

職場では、恋愛に関する話題は避けたほうが無難です。仕事での間柄を超え、お互いが認め合った友人関係になったときに初めてするといいでしょう。特に立場が上の人ほど、プライベートな話は言われてからするようにしましょう。

逆に、立場が下の人にとっては、上の人から話しかけられてムシするのは難しいものです。たとえば、「私は、私でがんばってみますので、もし何かあったら相談させてください」などと言って相談しないようにしましょう。

正論は、いつも正しいとは限らない

ロジハラ

[ロジック・ハラスメント]

＼イラっとくる「ロジハラ」／

「この前のミスは、どうして起こったの？　きちんと説明して。……それ、説明になってないってわかるよね？」

「そのやり方では上手くいきません。通例に則ってください。もし、ミスした場合は誰が責任とるのですか？」

「あなたの返答は間違いです。きちんと謝罪文を書いてきてください。3日後です。しっかり反省してください」

詳しく知りたい「ロジハラ」解説

仕事や人間関係といったものまで、規則やルール、あるいは合理的なやり方といったものが存在しますが、その規則やルールを盾に、ミスを徹底的に追及されたり、不快な気分にされたりするのは、相手が正しいだけに反論できません。しかし、正論ばかりを突きつけ、相手を追い詰め、相手を不快な気持ちにさせるのが、ロジハラです。

もっと詳しい「ロジハラ」解説

正論で追い詰めるのが、職場の上司や地位が上の場合で、これらの地位や人間関係といった優位性を背景にして、相手を追い詰めるのがロジハラなのです。ロジハラの根本はパワハラ。言っている内容が正しいかどうかというよりも、その言い方や態度が問題とされるのです。

気をつけたい「ロジハラ」対策

部下のミスを正すとき、あるいは夫婦間なら妻のミスを正すときなど、正論を振りかざして叱責するのは賢い方法ではありません。そもそも、ミスは自分で気がついて直すのが一番の修正方法。正論や自分の意見を言う前に、まず「あなたは今回の件について、どのように考えていますか？」と相手の言い分を詳しく聞いて､気がつかせるように促しましょう。間違っても一方的に説き伏せるような真似はしてはいけません。

お客様は神様じゃない！

カスハラ

［カスタマー・ハラスメント］

＼イラっとくる「カスハラ」／

「お辞儀の角度がなってねぇな！　ネットにこのファミレスダメだって書き込んでやろうか？　嫌だったら謝れ」

「釣り銭が足りないじゃないか！　間違ったんだからそこに土下座しろ！」

「おたくで購入した商品だけど、壊れていたぞ。店長が家まで謝りに来い」

詳しく知りたい「カスハラ」解説

コンビニの店員に土下座させ、その様子を動画に撮ってネットにあげ、大きな問題になった事件もあります。この事件では、裁判では強要罪に問われています。このような嫌がらせはカスハラと呼ばれます。

もっと詳しい「カスハラ」解説

カスハラとは、顧客が企業や店舗の従業員・店員などに不当な苦痛を与えたり、悪質なクレームをつけたりすること。役所の窓口で声高に文句を言ったり、電車が遅れたと駅員に詰め寄る行為も、もちろんカスハラの一種です。カスハラは、企業の従業員や店員などに、長時間にわたって文句をいい拘束したり、暴言を吐いたり恫喝したり、あるいは金品を要求する行為です。

商品やサービスに対し、苦情や改善策を要求するのは、客として正当な権利です。しかし、そのクレームが悪質になれば、クレーマーと呼ばれて企業にとっては迷惑な客として扱われます。このクレーマーが、金品を要求したり店員に暴言を吐いたりすれば、これらの行為はカスハラで、嫌がらせ行為や強要罪、脅迫罪などにも発展します。

知っておきたい「カスハラ」と社会の動き

クレームそのものは、消費者の正当な権利で、恫喝や暴言、暴力といったものがともなわなければ認められるもの。ただし、クレームも度を超すとカスハラになります。この正当なクレームとカスハラの境界線が難しく、客は単なるクレームだと思っていても、実際は正当な範囲を超えていて、カスハラ、パワハラに該当することがあるのです。

さらに暴力や恫喝、暴言などがともなえば、カスハラを通り越して犯罪になる可能性も高まります。

気をつけたい「カスハラ」対策

店員への文句や企業へのクレームを正当なクレームの段階でとどめ、ハラスメントや犯罪への一線を超えないためには、クレームをつけるときでも常に冷静に話し、決して謝罪や金品を強要しないことです。

「謝れ！」とは言わず、「善処していただけないでしょうか？」とやんわりと対応を促すことで、多くのケースではカスハラを避けられることになります。

店舗や企業では、ボイスレコーダーや防犯カメラなどを設置し、いつでも証拠を残せるようにしているのが一般的です。企業側でも、クレームに対処する人を事前に決めておくといったルール作りをしておくといいでしょう。法律に反するようなクレームやカスハラは、これらの証拠を弁護士や警察に提出して相談すれば、大きなトラブルを防ぐことにもつながります。

グルメ自慢を勝手に押し付け

グルハラ

［グルメ・ハラスメント］

詳しく知りたい「グルハラ」解説

「刺し身ってのはな、直接わさびを刺し身に乗せて食うもんなの。そんなことも知らんのか！」「蕎麦ってのは粋な食べ物。先っぽだけツユにちょっとつけて、喉ごしを味わうんだ。やってみろ」

自称食通の上司などと食事に行くと、食材や料理のウンチクを延々と聞かされ、あげく食べ方までダメ出しをされ、せっかくの料理も食べた気がしなかった、なんて経験のある人も少なくないでしょう。それらのウンチクを、料理を前にして延々と語ったり、「熱いうちに食え」などと強要したり、焼き肉の肉を焼く方法から、寿司屋のネタの注文順まで、いろいろと強要してくる人がいます。このような食事に関して、相手に行う嫌がらせ行為をグルハラと呼んでいます。

また、部下の弁当をあれこれ品評したりするような行為も、やはりグルハラに入ります。

気をつけたい「グルハラ」対策

グルハラを回避するためには、グルハラ体質の上司や友人などと、食事には行かないことです。可能ならば、「食事くらいは静かに食べていいですか」などと、言いたいところです。

介護を受ける高齢者に対する深刻な嫌がらせ

シルハラ

[シルバー・ハラスメント]

詳しく知りたい「シルハラ」解説

「そんなにこぼすなら、もう食事は下げますからね」「どうして何度言ってもお漏らしが直らないの！」老人介護は、介護士などの専門職でも重労働で、神経がすり減る大変な仕事です。介護疲れした介護士や職員などが介護を受ける老人に嫌がらせ行為をしたり、老人のプライドを傷つける言葉を投げつけたりすることがあります。このようなシルハラは、高齢化社会で噴出してきたハラスメントです。

知っておきたい「シルハラ」と社会の動き

シルハラの嫌がらせがエスカレートすれば、身体的ないじめにも発展し、傷害罪に問われることもあります。発見されにくいハラスメントでもあり、介護されていることが負い目で、ハラスメントを受けても訴えられない老人も多く、このハラスメントは深刻な問題だともいえるのです。

気をつけたい「シルハラ」対策

シルハラを回避するためには、周囲の人が日頃から注意深く観察し、介護士などに不審なふるまいがないか確認したりする必要があります。また、行政などの介入や整備も待たれます。

宗教のしつこい勧誘、強制するハラスメント

レリハラ

[レリジャス・ハラスメント]

詳しく知りたい「レリハラ」解説

レリハラは、レリジャス（religious：宗教的な）・ハラスメントの略で、宗教に関する嫌がらせ行為全般を指します。会社によっては社員研修で神社にお参りに行ったり、座禅を組ませたりと宗教行為を強制的に課すところもあります。特定の宗教を信仰している人には自己否定にもつながるもので、精神的苦痛をともないます。

知っておきたい「レリハラ」と社会の動き

レリハラには、宗教団体にしつこく勧誘したり、脱退を許さなかったり、宗教が異なると相手を批判したりするといった行為があります。企業のなかには、宗教の信仰を強制したり、信仰しない人に露骨に嫌がらせをするところもあります。これらの行為はパワハラにもなります。

気をつけたい「レリハラ」対策

日本国憲法には、信教の自由（第20条）が規定されています。信教の自由は、何人に対してもこれを保障し、何人も宗教上の行為、祝典、儀式又は行事に参加することを強制されない、とあります。

親しい仲、まして同僚や近所に住む人などとも、できれば宗教の話題は避けるべきでしょう。

Column

参考になる海外のハラスメント事情

日本の企業では、パワハラやセクハラといったハラスメントが問題になっていますが、海外ではどうでしょう。

海外ではAbuse of authority（権利の乱用）やWorkplace Bullying（職場のいじめ）といった言葉が使われています。これは「いじめ」としては同じような現象ですが、その内容は日本のパワハラと少し異なっています。

日本の企業では、上司から部下へという命令のなかでハラスメントが起こります。これは優位な立場の者が、その立場を振りかざして相手に強く当たるという構造で、日本的な特徴といってもいいでしょう。

一方、海外では、もちろん上司と部下といった立場の優劣はありますが、その立場を利用して部下に強く当たる、といったことはほとんどないようです。あるのは人種や宗教といったことを理由とした差別です。特に米国は人種や宗教、あるいは性別、年齢などを理由とした差別を禁止する法律があり、そのために企業内ではハラスメントというより違法な差別として認識されているのです。

上から下へという方式が日本式だとすれば、仕事を分業して組み合わせ、水平に仕事をしていくというのが海外式。ここには誰が偉いといった発想がありません。

日本のような垂直式だとパワハラが生まれやすいのですが、海外のように水平の場合は、いじめはあってもパワハラは発生しにくいのです。これが日本と海外との違いです。

6章

その嫌がらせ、相手の一生を台無しに

～学校・公共の場のハラスメント～

ペットが怖い人だっている!?

ペットハラ

[ペット・ハラスメント]

＼イラっとくる「ペットハラ」／

「うちのわんこは可愛いからちょっと抱いてみて」

「ネコアレルギー？　この子は大丈夫だって」

「大人しいから大丈夫。吠えているのはなついているのよ」

「この子は私の家族です。リードなんてつけません」

「1週間の出張でにゃん吉が心配だけど、誰にも預かってもらえないしなぁ。外に出しておけばいいよね？」

詳しく知りたい「ペットハラ」解説

日本の家庭では、ネコや犬といったペットを飼っている人が、全体の３分の１にも達するそうで、ネコや犬が好きな人はたくさんいます。ところが、子どものころに犬に噛みつかれてトラウマになり、どうにも犬は苦手だ、という人もいます。なかにはネコは好きだがネコアレルギーで、近づくとくしゃみが止まらない、なんて人もいます。そんな人に、ペットを無理やり近づけるのはハラスメント。これをペットハラといいます。

もっと詳しい「ペットハラ」解説

ペットハラにはもうひとつ、ペットに対するハラスメントもあります。可愛くて飼い始めたけど、忙しくてろくに餌を与えていないとか、仕事のストレスのはけ口で、ついペットに当たって蹴ってしまったなど、ペットを虐待するような行為も、広義の意味でのペットハラに該当します。

他には、許可されている場所でもないのに、リードなしで犬を散歩させたり、ペットの排泄物を処理せずに道端に放置したままだったり、他人に吠えたとき「びっくりしたのね～。大丈夫だから」などとペットを叱らない、しつけていないのも、やはりペットハラです。犬に服を着せて散歩させている飼い主がいますが、これも場合によってはペットハラとみなされることもあります。

犬やネコ以外にも、鳥や爬虫類、ヘビなど、ペットとして飼われているすべての動物が該当します。

知っておきたい「ペットハラ」事件簿

2019年6月に「動物の愛護及び管理に関する法律等の一部を改正する法律」が公布され、周辺の生活環境の保全が損なわれている場合や、虐待の恐れがある場合は、都道府県知事などにより指導や助言、立ち入り検査などが行われるようになりました。

また、ペットをみだりに殺傷した場合、懲役5年、または罰金500万円に、虐待や遺棄した場合は懲役1年、または罰金100万円の過料が科せられるように改正されています。

気をつけたい「ペットハラ」対策

ペットを飼っている人にとって、ペットは家族同然。しかし、他人にとってはよそのペットであり、犬やネコでしかありません。動物が苦手な人にとって、ペットハラは身体的、精神的な嫌がらせです。

ペットハラをしてくる人に対しては、それが迷惑で、ハラスメントであることをわからせる必要があります。嫌がらせとわかっていない人が多いため、ハラスメントだとわかれば大多数の人がやめるはずです。また、ペットを虐待しているのを見たら、早急に保健所に連絡しましょう。ペットを飼うときは、飼い主には管理責任がともないます。予防注射をしたり、他の人に危害を加えたりしたいよう、管理する義務があるわけです。迷惑な飼い主に飼われるのは、ペットにとっても不幸なのです。

赤ちゃんを取り巻く嫌がらせの数々

ベビハラ

[ベビー・ハラスメント]

＼イラっとくる「ベビハラ」／

「公共の場でピーピーうるさい！　赤ちゃんのしつけがなっていないんじゃないか？」

「ちょっとでいいから口でも押さえちゃくれんかねぇ。ここレストランだよ。静かに食事すらできない」

「あの子さ、夜中によく泣いているけど、虐待されているんじゃない？　通報しなくていいかなぁ」

? 詳しく知りたい「ベビハラ」解説

買い物や用事で、赤ちゃんを連れて電車やバスに乗ったとき、機嫌が悪くなって泣かれることがあります。「うるさいなあ、泣かせるなよ」そんな声がどこかから聞こえてきて、お母さんは下を向いたまま自分が泣きたいのをこらえていたなどという話があります。他にも、赤ちゃんが泣いているのを見て「虐待してるんじゃないのか？」「育児ノイローゼ？」などと陰口を言い、親に嫌がらせをするのもハラスメントです。このように赤ちゃんに関連するハラスメントをベビハラといい、赤ちゃんの泣き声に怒ったり、子育てにいちいちケチをつけて親を叱責したり、嫌がらせをする行為です。

? もっと詳しく知りたい「ベビハラ」解説

赤ちゃんの泣き声に文句を言うようになったのは、世の中に余裕がなくなったからでしょうか。満員電車のなかで泣き叫ぶ赤ちゃんの声は、たしかに気に障るものです。しかし、赤ちゃんは泣くものです。赤ちゃんの泣き声は、大人にとって気になる周波数になっているとさえいわれています。言葉で伝えられないため、泣くことでさまざまな要求をしているのです。その赤ちゃんの泣き声を「うるさい！」と一喝するのは、大人気ありません。

まして赤ちゃんに泣かれて困っているお母さんに対し、「泣き止めさせろ」と理不尽な要求をしたり、「虐待してるんじゃないか？　児童相談所に連絡するぞ」などと脅すのはベビハラです。

知っておきたい「ベビハラ」事件簿

ベビーカーで電車に乗ったところ、「邪魔だ」「迷惑だ」と罵倒されたという話がネットでもときどき話題になりますが、一般道路やスーパーなどでも、同じように邪魔者扱いされるといった事例が起こっています。

たしかにベビーカーは場所をとりますが、子どもの健診や病気、あるいは急用などで赤ちゃんを連れ出さなければならないこともあります。ベビーカー連れを見かけたら、大変なのにがんばってるなと考え、温かく見守ってあげたいものです。

気をつけたい「ベビハラ」対策

少子高齢化が進む現在、赤ちゃんはいわば将来の希望です。赤ちゃんが泣くのは、ごく自然なこと。泣き声が大きければ大きいほど、「元気で結構！」と笑いかけるような余裕さえ欲しいものです。

電車やバスのなかで、赤ちゃんに泣かれて困っているのは、周りの大人たちではなく、お母さんやお父さんのほうです。それに輪をかけてベビハラで嫌がらせをするなど言語道断。そんな世相を反映してか、赤ちゃんの泣き声が聞こえたら、ボタンを押すだけで「ピヨピヨ」と音を出し、泣いても平気ですよと知らせるスマホ用アプリさえあります。「気にしなくて大丈夫ですよ。可愛いですね」と伝えてあげれば、赤ちゃんも両親も、きっと救われた思いで嬉しくなるでしょう。

麺をすする「ズズズッ！」がハラスメント!?

ヌーハラ

［ヌードル・ハラスメント］

詳しく知りたい「ヌーハラ」解説

ラーメンや蕎麦、うどんといった麺類は「ズズッ、ズズッ」と音を立てながら食べます。しかし、最近では音を立ててすすることをしない若者が多いようです。そのため、すする音を嫌がる人が多く、年配者や上司との食事を避けたいとまで感じているようです。この音を立てるハラスメントをヌーハラといいます。麺類だけではなく、お茶漬けや味噌汁なども同じように音を出すとヌーハラです。

もっと詳しい「ヌーハラ」解説

また、海外では音を立てて食べることはマナー違反。麺をすする音を不快に思う人も少なくありません。実は、これがヌーハラの正体です。国際化が進むほど、日本人のヌーハラが問題になってきているのです。

気をつけたい「ヌーハラ」対策

ヌーハラを避けるには、麺類を食べるときに麺をすすらないよう気をつけるしかありませんが、つい習慣ですすってしまうもの。「豪快に音を立ててすするのが粋なんだ！」というのが通用しなくなってきたため、一人で店に行くか、特に外国人や若い人と一緒の食事では麺類を避けるのが無難なようです。

タクシー内での嫌がらせ

タクハラ

[タクシー・ハラスメント]

詳しく知りたい「タクハラ」解説

タクシーに乗ったら、女性ひとりだからか「こんな遅くまでデートですか」とニヤニヤされた。行き先を告げたら「チッ」と舌打ちされた。伝えた行き先とは別の場所で降ろされ「あとは別のタクシー拾って」と言われた。1万円札を出したら「小銭くらい用意しとけよ」と怒られた。

タクシーのなかで運転手から嫌みを言われたり、遠回りされたりなど、タクシー内で起こる嫌がらせをタクハラといいます。

知っておきたい「タクハラ」事件簿

タクシーに乗ったら、そのまま知らない場所に連れていかれたり、連絡先を言うまで降ろしてもらえなかったりといった事例もあります。もちろん、酷いケースでは誘拐罪や監禁罪などに問われるケースもあります。

気をつけたい「タクハラ」対策

タクシーには必ず、乗客から見える位置に運転手の名前や会社名が書かれた乗務員証が掲示されています。まずは、それらをしっかり掲示されているか確認し、タクハラに遭ったら、会社や警察に相談するといいでしょう。

店頭のレジで起こる嫌がらせ!?

レジハラ

［レジ・ハラスメント］

詳しく知りたい「レジハラ」解説

レジではさまざまなハラスメントがありますが、主に３つのパターンに分かれるようです。①レジ袋の有料化に怒る　②外国人アルバイトに怒る　③レジの遅さに怒る

これら以外にも、たとえばレジ袋が必要かどうか毎回尋ねられることにキレたり、ポイントカードを持っているかどうか聞かれることに怒ったりする、理不尽な人もいます。このような客のハラスメントを、これまではカスハラ（→180ページ）と呼んでいましたが、レジ周りで起こるハラスメントが多いため、こちらを特にレジハラと呼びます。

あまりに酷いレジハラや、強い調子で店員に謝罪をさせたりするケースでは、強要罪や威力業務妨害に問われる可能性もあります。

気をつけたい「レジハラ」対策

レジ袋の有料化は、経済産業省を中心として政府が決めたことで、コンビニや店舗が独自に実施していることではありません。また、コンビニのレジで働くのも、会社で働くのも、広義で仕事の一種です。「いつもご苦労さま」と声をかければ、店も客も嫌な思いをしなくてすみます。それがレジハラにならないための、簡単で手軽なコツといってもいいでしょう。

教授が立場を利用して大学生に嫌がらせ

アカハラ

［アカデミック・ハラスメント］

＼イラっとくる「アカハラ」／

「出席日数が少なくて単位は難しいな。食事に付き合ってもらったら、考えてもいい」

「誰のおかげで研究できたかわかってるよね。論文にはぼくの名前を書いておきなさい」

「指導した研究とは違うんだから、研究室の器具は使わせないよ」

？詳しく知りたい「アカハラ」解説

大学は、とかくハラスメントの温床になりやすい場所です。学部生や研究生に、教授や指導教官などが圧力をかけて、文献や図書、実験機器類などを使わせず、研究の妨害をしようとしたり、卒業や進級などで単位を与えなかったり、就職活動を禁止するといったハラスメントが問題になっています。アカハラは、大学教授などがその立場を利用し、学生や職員に対して行う嫌がらせやセクハラ、パワハラなどの行為を総称したものです。大学など、アカデミックな機関で行われるため、アカハラと呼ばれています。

知っておきたい「アカハラ」事件簿

アカハラの問題は、世間的にもたびたび表面化します。2006年には高崎経済大学で教授が学生に不当に多い課題を出し、提出しなければ進級させないと指示したことより学生が自殺に至る事件があり、アカハラが大きく取り上げられるようになりました。

12年には、東京大学人文社会研究科の教授が、学生の帰省やアルバイトなどのプライベートにまで介入し、自分との共同研究作業を強制するなどして、学生たちからハラスメント委員会に申し立てられています。

また、18年には大阪市立大学の男性教授が、教え子にセクハラやパワハラ行為などを働いたとして、17人の男女から計61件の被害が申告され、該当の教授には停職3カ月の懲戒処分が下されています。

もっと知っておきたい「アカハラ」事件簿

アカハラで表面化した事例には他にも次のようなものがあります。

2009年：東北大学大学院で博士論文受理を拒否された院生が自殺。

2009年：京都大学の大学院生が専門と関係ない研究を強要される。

2010年：京都大学の教授が院生の論文を教授との共著とするよう強要し、これを拒むと留年させると通告。

2015年：大阪大学大学院の教授が研究室の複数の学生、スタッフに懇談会に参加するよう繰り返し強要。

2017年：山形大学の助教からアカハラを受けたとして男子学生が自殺。

気をつけたい「アカハラ」対策

アカハラを防ぐには、もちろん優位な立場にある教授が、認識を改める必要がありますが、教えるという立場から、学生を「お客様」ととらえるような意識の改革も必要な時代になってきています。なお、アカハラについての活動や相談先には「NPOアカデミックハラスメントをなくそうネットワーク」があります（→216ページ）。

先生が小中高生にする嫌がらせ

スクハラ

[スクール・ハラスメント]

＼イラっとくる「スクハラ」／

「宿題忘れた？　廊下に立ってなさい！」

「セクハラなんかじゃない！　そんなに嫌がらないで！　身体検査をしているんだからな！」

「クツに画びょうを入れられていた？　わが校ではそんなことは起こりえませんよ、お母さん。お子さんがそう言ってお母さんにかまって欲しいだけですよ」

詳しく知りたい「スクハラ」解説

大学や研究機関で、教授が学生や職員に対して嫌がらせを行う行為がアカハラでしたが、同じように中学校や高校、あるいは小学校でも、嫌がらせや性的嫌がらせがあったりします。これら行為の強要は、先生が生徒にするもの、生徒同士、教員同士など、さまざまな関係で行われます。これまでは体罰やいじめといった言葉でまとめて言い表していましたが、これら学校で起こっているさまざまなハラスメント行為を総称して、スクハラと呼ばれています。

もっと詳しい「スクハラ」解説

宿題をやってこなかったり、忘れ物をした生徒を長時間廊下に立たせたり、給食が食べられなかった生徒を放課後、教室で居残りさせて食べさせたり、あるいは生徒の容姿を馬鹿にするような言動を取ったりと、さまざまなスクハラがあります。

スクハラは、先生から生徒への嫌がらせ、生徒同士の嫌がらせなど、学校で起こるハラスメント全般を指していますが、実際には男性教師による女生徒への嫌がらせや性的強要などが大きな問題となり、パワハラやセクハラとともにスクハラが取り上げられるようになったのです。

学校とはいっても、一般社会と同じで、職場である学校内ではパワハラやセクハラがあります。これらのハラスメントが教師から生徒へと向かうこともあり、教育現場の荒廃が問題になっています。

知っておきたい「スクハラ」と社会の動き

スクハラが難しいのは、それがハラスメントなのか、教育の一環なのかを見極めるのが難しい、という点があります。しかし、最近ではどんなケースでも先生が生徒を叩いたりすれば、それは体罰だという認識が根付いてきました。同じように、どのようなケースでも、先生が生徒に嫌がらせ行為を行えば、それはスクハラだという風潮になりつつあります。また、これまでは問題が起きれば学校内で処理していましたが、スクールカウンセラーや法律家などと連携するようになりました。

気をつけたい「スクハラ」対策

スクハラを防ぐために、最近ではセクハラ相談窓口を学校内に設置した教育委員会もあります。セクハラに限定しているのではなく、スクハラ全体の相談窓口にもなっています。また千葉県や神奈川県のように、スクハラの被害の有無を回答させる大規模な調査を行っているところもあります。都道府県や教育委員会だけでなく、文科省も教育現場のセクハラ防止策を定め、周知徹底をはかっています。セクハラが中心ですが、これはスクハラ全般にも応用できる対策です。

子ども時代という、感受性の強い時期に、学校で起こったスクハラは、子どもたちのその後の人生にも影響を与えます。そうならないよう、子どもと親、さらに教育委員会や自治体などと連携し、スクハラから子どもたちを守る体制を早急に整える必要がありそうです。

大学で起こっている嫌がらせの総称

キャンハラ

[キャンパス・ハラスメント]

＼イラっとくる「キャンハラ」／

「あの娘、気に食わないわね。みんなで無視しようよ」

「学校に近いんだろ。オレの出席確認、出しておいてよ」

「合コンだって。酒飲んで楽しくやろうよ。全然セクハラじゃないよ。ってゆーか、先輩にそういうこと言うなよ」

「今日やった授業のテーマで、明日までに50枚のレポートを出すように」

? 詳しく知りたい「キャンハラ」解説

大学や研究機関で、教授が学生に嫌がらせ行為を行うのがアカハラ。小学校や中学高校の学校内で起こっているのがスクハラ。そして教育現場にはもうひとつ、キャンハラがあります。キャンハラは、キャンパス（campus）で起こっているハラスメント。

アカハラはアカデミックな現場、大学や研究機関などで起こっているハラスメントですが､キャンハラは同じ大学でも、大学内で教員から学生に対して行われる嫌がらせ行為やセクハラ、さらに学生同士の間で行われるいじめや嫌がらせ行為など、これら大学内で起こっているハラスメント全般を指しています。

? もっと詳しい「キャンハラ」解説

大学内では、合コンと称してセクハラまがいの行為に及んだり、あるいは学生たちに無理なレポートの提出を強要したりと、人が集まれば必ずといっていいほど、何らかのハラスメントが起こっています。

特にここ最近は、大学の授業時間の厳格化が進んでおり、学生たちも教員も毎日忙しくしています。そんなストレスのはけ口として、弱い立場の者、学生や女子学生などに対していじめや無視、セクハラといった嫌がらせ行為が噴出してきているようです。

知っておきたい「キャンハラ」と社会の動き

いくらキャンパス内での出来事といっても、もちろんハラスメントの頻度が高く、悪質なものは、損害賠償請求の対象になります。友達同士のちょっとしたハラスメントでも、刑事事件として立件されるケースもあります。

キャンハラは、その多くがパワハラやセクハラですが、キャンパスといういわば外部から庇護されている場で起こるハラスメントのため、嫌がらせ行為がエスカレートすることもあります。そのため、モラハラに発展したり、特に最近ではLGBTを差別するジェンハラやそれにチェリハラなどに発展するケースもあるようです。

気をつけたい「キャンハラ」対策

大学には、さまざまな学生が通学しています。地方出身者もいれば、アルバイトで学費を捻出している学生もいます。同じ学年、同じ授業を履修する者でも、その環境はさまざま。たまたま同じときに同じ大学で学んでいるだけです。そんななかでどちらかがマウントをとり、弱い者を馬鹿にしたり、嫌がらせ行為をしたりすることには、何の意味もありません。

相手からハラスメントを受けていると感じたら、すぐに学校の相談窓口などに相談しましょう。学校には、ハラスメントだという訴えがあれば、これを調査する義務があります。そして一日も早く、ハラスメントなどから解放され、青春を謳歌して欲しいものです。

「就活終われ！」は企業のパワハラ

オワハラ

［就活終われハラスメント］

＼イラっとくる「オワハラ」／

「内定を出しますが、以後の就活は行わないように」
「内定を辞退したら、君の学校からは今後の採用はないと思ってください」
「弊社に就職を約束できないのなら、内定は出せません」
「研修としてリゾート地に行っていただきます。もちろん、就活はもうしない前提です」

? 詳しく知りたい「オワハラ」解説

企業にとっては、せっかく内定を出す学生が、他の企業に移られてはたまりません。新卒者を一人採用するのに、100万円かかるともいわれています。内定を出す代わりに、長期的に学生を拘束したいと思うのも頷けます。

企業のなかには内定者だけを集めて、採用後の説明会を何度も開いたり、ときには地方の温泉や旅館に集めて合宿のようなことを開催するところさえあるそうです。

学生にとっては、第一志望の企業以外からこんな圧力をかけられたら、以後の就活に影響が出てきます。これをオワハラといいます。

知っておきたい「オワハラ」と社会の動き

オワハラが話題になりだしたのは、2015年ごろからです。この年、厚生労働省から企業に対し、オワハラを行わないようにとの呼びかけもありました。オワハラは脅迫罪または強要罪に該当する可能性もあります。「内定を辞退したら損害賠償を要求する」などと企業側が学生にいえば、明らかに脅迫罪に問われます。

また、学生との口約束だから、他に漏れることはないと思っても、最近ではネットやSNSに学生などから書き込まれて公表され、あっという間に拡散されて広く周知されます。これが問題になり企業は世間の信用を失い、内定辞退者も続出したといったケースもあります。たったひとりの書き込みでも、ネット社会では取り返しのつかない問題に発展することさえあるのです。

知っておきたい「オワハラ」と社会の動き

2019年に内閣府が公表した「学生の就職・採用活動開始時期等に関する調査」によれば、同年の就職活動で学生の13.4%がオワハラ被害を受けていたという結果が出ています。

このオワハラでは、「内々定を出す代わりに他社への就活を止めるよう強要された」学生が69.9%と最も多く、次いで「内々定の段階で内定承諾書の提出を求められた」(30.3%)、「引き止めるために何度も説明会を開き、拘束された」(12.5%) といったハラスメントがみられます。また、就活中にセクハラを受けたという学生が2.4%おり、面談中にも卑猥な話をされたといった被害も報告されています。

気をつけたい「オワハラ」対策

就活生にとって企業選びは、納得いくまで自由に選択する権利があります。オワハラで人材を囲い込もうとするのは、脅迫罪や強要罪の可能性がある以上に、入社後の信頼関係にまで影響するものです。このような企業は、パワハラ体質を秘めているともいえるからです。

オワハラで学生をつなぎ止めようなどとはせず、魅力的な企業風土を作り、就活生が就職したくなるような社風や雰囲気を作ることのほうが大事なのです。時間はかかるかもしれませんが、そんな社風になれば、黙っていても優秀な学生が集まってきます。面接時に、「以後の就活は行わないように」と伝えるより、「ぜひ４月に笑顔でお会いしましょう」といえるような企業になりたいものです。

圧倒的に力の差がある医者と患者

ドクハラ

[ドクター・ハラスメント]

\イラっとくる「ドクハラ」/

「ダメだよあなた、そんな素人判断で市販のクスリを飲んだら。病院にくるように」

「そんなんじゃ治らないね。体重減らさなきゃ、あと1年の命かな。ぶっちゃけ死んじゃう。どうする?」

「セカンドオピニオン?　ふざけんなよ。真剣にやってんのに!　オレの診察を間違えているとでも思ってんだろ」

詳しく知りたい「ドクハラ」解説

病気を治し、命を救う医者だから、偉いのは当然。怒られても、素直に従うのが患者の当然の姿——これ、ドクハラです。ドクハラは、医者が患者などに上から目線で批判的なことを言ったり、嫌がらせなどをすることです。また、医者だけでなく看護師などからドクハラを受けることもあります。さらに、医者が看護師を含む医療従事者に対して、暴言や嫌がらせを行うことも、ドクハラと呼んでいます。

もっと詳しい「ドクハラ」解説

患者にとって医者の言葉は、治療のための絶対的なものと考えがち。しかし、医者だからといって「病気になったのはあなたの生活態度のせい」「その年で子どもなどいらんでしょう」「仕事辞めなきゃ治らない」などと生活や考えを否定したり、合理的な理由も言わずに生活習慣を変えさせたり、患者が不快になるようなことを平気で言ったりするのは問題です。ときには医者の言動によって、患者がPTSD（心的外傷後ストレス障害）になってしまうことさえあります。

知っておきたい「ドクハラ」と社会の動き

セカンドオピニオン（Second opinion）というのは、よりよい決断をするために、専門的な知識を持つ第三者に意見を求めることで、ガンなどでは一般的になってきています。診断だけでなく、手術の方法や治療時の意見を求めることも少なくありません。これを医者が嫌がり、ドクハラに至るのは見当違いなのです。

知っておきたい「ドクハラ」事件簿

もともとこのドクハラという言葉は、福島出身の外科医・土屋繁裕医師（故人）が著書で使用したのがはじまりとされています。土屋氏は、歯に衣着せぬ言動でも有名で、医師が無神経な言動で患者を傷つけることをメディアなどで積極的に批判していました。

患者にとって医師の言葉は絶対的なものですから、症状の説明や治療の計画、アドバイスといったことは患者に寄り添った言葉で丁寧に説明する必要があるはずです。病気が治ると、患者から感謝されることが多く、その経験がおごってしまう心理状況や勘違いを生み出すため、ドクハラ医師が出来上がってしまうのではないかとされています。

気をつけたい「ドクハラ」対策

診察してもらった医者からドクハラを受けたと感じたら、患者は病院や担当医を替えて構いません。今ではセカンドオピニオンという言葉が一般化してきているように、診察の結果や治療法など、別の医師に意見を求め、改めて診断してもらう権利があります。

逆に、患者にドクハラをしないためには、患者の身になって丁寧に会話をすることです。「少し運動をして、血圧を下げましょう。1日10分でもいいんですよ」といった優しい言葉で接するだけで、ドクハラの回避になります。伝え方を変えるだけで､ほとんどのハラスメントは避けられるのです。

逆ドクハラに悩む医師たち

ペイハラ

［ペイシェント・ハラスメント］

詳しく知りたい「ペイハラ」解説

患者（ペイシェント：patient）が医師や看護師など医療関係者に行うハラスメントがペイハラです。たとえば、病院で診察してもらったら、別の病気をもらったと言い張ったり、病気とは関係ない薬を要求したり、ときには看護師へのセクハラや、自分は客、神様であるかのように理不尽な要求をするモンスター・ペイシェントも問題になっています。

知っておきたい「ペイハラ」と社会の動き

病院側は、院内ポリスとして警察OBを採用しているところがあります。暴れる患者には、院内ポリスがその対応に当たっています。また、ペイハラは、威力業務妨害罪になる可能性もありますが、相手が病人だけに、むやみに手を出すわけにもいきません。また、病院もいわば客商売。ペイハラを穏便に対応せざるを得ないようです。

気をつけたい「ペイハラ」対策

ペイハラは、ごく一部の患者に限られますが、高齢者を中心に増えてきています。もし、医者や病院の対応に不満があれば、ペイハラをするのではなく、病院を替えればいいだけのこと。医者と患者の間には、信頼関係があってはじめて、病気も治るというものです。

ハラスメントがなくなる解決策は？

　パワハラ防止法が施行され、企業では相談窓口を作ることが義務化されましたが、パワハラやハラスメントを防止・解決するためには、ようやくスタートラインに立ったところと言えます。

　相談窓口を設置することにより、ハラスメント対策の意識が芽生えます。これまで被害に遭っていた人が声を出しやすくなると予想されます。

　被害者から相談があったとき、次にどう被害を把握し、どう被害を回復させるかが重要になります。被害者が声を出せるようになれば、次の段階、被害の事実の把握へと進め、さらに処罰へと進められます。ハラスメントを解決するためにこそ、声を出してもらうことが必要なのです。

　現在はまだ、パワハラやハラスメントの被害者が安心して相談できるのは、外部の機関しかありません。これらの機関でハラスメントが解決するかというと、なかなか難しいものがあります。

　理想をいえば、被害者の声を聞き、被害を把握したら加害者にイエローカードを出し、次にカードを出したらレッドカードだよと伝えるのがいいでしょう。そんな仕組みなら、次はカードを出さないようにと行為者や企業側も対策し、被害者ももっと声を上げやすくなります。

　ハラスメントを解決するためには、まず被害者の声に真剣に向き合うこと。まずは声を出せる仕組み作りを始めることが、ハラスメント解決への道なのです。

相談窓口一覧

ハラスメントの被害を受けていると感じたら「会社の相談窓口」などに相談します。会社の相談窓口に相談できないときや、問題が解決しないときは、次の機関がハラスメントの相談に応じてくれます。

■厚生労働省総合労働相談コーナー

各都道府県労働局、全国の労働基準監督署内など379か所に設置。

東京労働局総合労働相談コーナー
千代田区九段南1－2－1　九段第3合同庁舎14階
03-3512-1608

品川総合労働相談コーナー
品川区上大崎3－13－26　品川労働基準監督署内
03-6681-1521

神奈川労働局総合労働相談コーナー
横浜市中区北仲通5-57　横浜第2合同庁舎13階
045-211-7358

大阪労働局総合労働相談コーナー
大阪市中央区大手前4－1－67　大阪合同庁舎第2号館8階
0120-939-009

福岡労働局総合労働相談コーナー
福岡市博多区博多駅東2－11－1　福岡合同庁舎新館４階
092-411-4764

■都道府県労働委員会

有識者、労働者、使用者の代表者から構成される委員会で、当事者間の解決に向けたあっせんを行っています。各都道府県の労働委員会が窓口になります。

労働相談情報センター（東京）

千代田区飯田橋3-10-3　東京しごとセンター 9F

03-3265-6110

大阪府労働環境課（労働相談センター）

06-6941-0351

福岡労働者支援事務所

092-735-6149

■法テラス

法的知識を用い、問題解決へのアドバイスを実施。

0570-078-374

■法務省　みんなの人権110番

法務省による人権問題相談窓口で、労働問題の相談も受けています。

0570-003-110（平日午前8時30分～午後5時15分）

■NPO法人　労働組合相談センター

NPO法人で労働問題解決のアドバイスをしてくれます。電話による無料相談の他にメールでの相談も受付。

東京都葛飾区お花茶屋1-18-11　田邑ビル5階

03-3604-1294

■一般社団法人日本ハラスメント協会

大阪市西区立売堀1-4-12　立売堀スクエアビル8F

06-6556-6413

■女性の人権ホットライン（法務省）

0570-070-810

■全国社会保険労務士会連合会

0570-07-4864

■特定非営利活動法人アカデミックハラスメントをなくそうネットワーク（NAAH）事務局

06-6353-3364

※2021年1月現在

——主な参考文献——

『パワハラ問題』（井口 博）新潮社
『「ハラ・ハラ社員」が会社を潰す』（鈴木 哲）講談社
『2020年（令和２年）６月１日より、職場におけるハラスメント防止対策が強化されました！』リーフレット（厚生労働省）
PRESIDENT Online
あかるい職場応援団
あなたの弁護士
ハラスメントと暴力に関する実態調査（連合）

監修者紹介

野原蓉子（のはら・ようこ）
㈱日本産業カウンセリングセンター理事長。
埼玉大学卒業。教職を経て1976年日本産業カウンセリングセンター設立。企業でのカウンセリングのほか、メンタルヘルスの相談、管理者の対応相談、官公庁・大学などでの講演、研修に従事。労働省（現厚生労働省）セクシュアル・ハラスメント調査研究会委員などを歴任。臨床心理士。
主な著書：『こうして解決する！職場のパワーハラスメント』経団連出版、『言いにくいことを伝える技術』PHP研究所、『パワハラ･セクハラ･マタハラ相談はこうして話を聴く－こじらせない！職場のハラスメント対処法』、＜改訂増補＞『パワハラ・セクハラ・マタハラ相談はこうして話を聴く－こじらせない！職場のハラスメント対処法』経団連出版、『マンガまるわかり　ハラスメント』（監修）新星出版社。
（株）日本産業カウンセリングセンター　連絡先
電話番号：03（3404）9422
電子メール：mail@mentor.co.jp

それ、やってはいけない！
ハラスメント大全《たいぜん》

2021年２月10日　第１刷

監修者　野《の》原《はら》蓉《よう》子《こ》

発行者　小澤源太郎

責任編集　株式会社プライム涌光
電話　編集部　03(3203)2850

発行所　株式会社青春出版社
東京都新宿区若松町12番1号〒162-0056
振替番号　00190-7-98602
電話　営業部　03(3207)1916

印刷・大日本印刷　　製本・ナショナル製本

万一、落丁、乱丁がありました節は、お取りかえします

ISBN978-4-413-11345-8 C0034

できる大人の大全シリーズ

他人に聞けない お金の常識大全《たいぜん》

マネー・リサーチ・クラブ［編］

ISBN978-4-413-11311-3

立ち入り禁止の 裏ネタ・隠しネタ大全《たいぜん》

ライフ・リサーチ・プロジェクト［編］

ISBN978-4-413-11319-9

オイシい場面《ところ》がつながる つまみ食い世界史

歴史の謎研究会［編］

ISBN978-4-413-11318-2

子どもにウケる！ 不思議が解ける！ 科学のネタ大全《たいぜん》

話題の達人倶楽部［編］

ISBN978-4-413-11327-4